사회적 자립과
자기통제를 키우는
ABA 교육법

Kateidemurinakutanoshikudekiru Seikatsu Jiritsukadai 36
© Masahiko Inoue
First published in Japan 2011 by Gakken Co., Ltd., Tokyo
Korean translation rights arranged with Gakken Plus Co., Ltd.
through Shinwon Agency Co.

이 책의 한국어판 저작권은 신원에이전시를 통한 저작권자와의 독점 계약으로 도서출판 마음책방에 있습니다.
저작권법에 의해 한국 내에서 보호를 받는 저작물이므로 무단 전재와 복제를 금합니다.

※ 일러두기
· 원서에서 일부 변경한 곳이 있습니다.
· 내용에 따라 '부모'와 '보호자'를 혼용하여 사용하였습니다.

자폐 스펙트럼 사춘기 아이를 위한
생활자립기술 36

사회적 자립과 자기통제를 키우는 ABA 교육법

이노우에 마사히코 지음 | 민정윤 감수
최정인 옮김 | 전선진 그림

마음책방

추천의 글

ABA의 효과가 널리 알려지면서 국내에서도 발달장애 영역에 놓인 수많은 부모, 전문가, 기관에서 ABA를 찾는 일이 드물지 않게 되었다. 지난 십여 년간 ABA만큼이나 단기간에 큰 주목을 받은 학문이 또 있을까 싶다. 그러나 국내 ABA는 여전히 도입 단계이고 여전히 조기중재의 효과만 부각되어 있다. ABA 센터의 교육은 대부분 영유아기와 아동기에 집중되어 있고 사회적 인식도 그렇게 형성되었다. 초등학생만 되어도(심지어는 만 다섯 살만 넘어도) '우리 아이한테 ABA를 시키기에는 너무 늦었다'라며 낙담하는 부모들이 꽤 있을 정도다.

인간의 사회적 행동을 개선하고 습득시켜 사회생활에 잘 적응할 수 있도록 도와주는 학문이라는 점에서 ABA는 사실상 영유아기와 아동기뿐만 아니라 청소년기, 성년기, 심지어 중장년기에 이르기까지 인간의 전(全) 생애 주기에 걸쳐 필요한 학문이다.

인간의 사회적 활동이 영유아기와 아동기에만 이루어지는 것이 아니듯이 ABA 역시 청소년기 이후 생애에서도 중요하다. 인간의 수명을 평균 80년으로만 놓고 보더라도 영유아기와 아동기는 15년 남짓에 불과하고 이후 생애는 60년을 훌쩍 넘어서기 때문이다. 그래서 청소년기 이후의 사회적 행동에 대한 지침과 지원의 중요성은 아무리 강조해도 지나치지 않는다.

안타깝게도 국내 ABA 영역에는 이렇게 중요한 사춘기 시기에 관한 책이 무척 드물다. 이는 일반 아동 발달 영역에서도 마찬가지다. 영유아를 위한 육아서는 홍수를 이루지만, 정작 사춘기와 청소년기를 어떻게 슬기롭게 보낼 수 있는지 도움을 받을 만한 부모 가이드북은 생각보다 많지 않다. 그런 점에서 이번 ABA 시리즈 《사회적 자립과 자기통제를 키우는 ABA 교육법》은 발달장애 사춘기 자녀를 둔 부모들에게 한 줄기 희망과도 같다.

지난 몇 년간 자문과 컨설팅에서 접한 사례만 미루어보더라도, 사춘기에 접어든 발달장애

자녀를 이해하고자 하는 부모의 요구와 사례는 실로 다양했다. 사소하게는 인사와 식사 예절, 자기관리 기술부터 대중교통과 공공시설 이용, 초중고 진학, 교우관계, 신체 발달에 따른 성 문제, 진로 개발, 취업과 독립, 여가생활을 위한 취미 계발에 이르기까지 만만치 않은 고민거리를 안고 있었다. 사춘기를 이해하는 것만으로도 어려운데 여기에 발달장애까지 더해지면 부모의 책임감은 훨씬 가중될 수밖에 없다.

이 책이 그 모든 질문과 요구에 완벽한 해답을 줄 수는 없겠지만, 적어도 사춘기에 접어든 자녀를 잘 이해하고, 그 특성에 따라 양육과 교육에서 어떤 목표를 세워야 할지, 무엇을 준비하고 어떻게 대비해야 할지 충분히 안내해주고 있다. 특히 갈수록 외동 비율이 높아져 비교할 대상도, 물어볼 대상도 없는 국내 상황에서 이 책의 가치는 더욱 빛날 것이다.

발달장애 부모끼리 공감하는 일종의 밈(meme) 같은 말이 있다. "아이가 진단받을 때보다 초등학교 보낼 때 마음고생이 더 심하지만, 최고를 찍는 건 역시 사춘기 때"라거나 "우리 애가 발달은 늦은데 사춘기는 안 늦더라" 같은 말이다.

올해 고등학생이 된 나의 자폐아들을 보면 그 말이 절로 실감이 간다. 서로에게 힘든 사춘기를 넘기고 어느새 청년기를 향해 가는 아들을 보면서 이 책이 조금만 일찍 나왔으면 좋지 않았을까 싶다가도, 한편으로는 더 늦지 않게 세상에 나와서 다른 부모님과 보호자님에게 좋은 길잡이가 되어줄 수 있음을 다행으로 여기며 감사할 뿐이다.

한상민
BCBA, 서울ABA연구소장
《서두르지 않고 성장 발달에 맞추는 ABA 육아법》 저자

감수의 글

부모의 가장 큰 역할은 아이가 성인이 되었을 때 사회의 한 구성원으로서 독립된 주체로 살아갈 수 있도록 양육하는 것이다. 그러기 위해 부모는 자녀에게 스스로 생활하는 방법을 가르쳐야 한다. 그런데 자폐 스펙트럼이 있는 아이의 경우 사춘기를 지나 성인이 되어갈수록 이 문제가 부모에게 큰 고민이다.

유아기에는 아이의 발달에 맞춰 부족한 부분을 가르치기 위해 말하기와 의사소통 등을 가르치는 데 집중하지만 막상 아이가 학교에 다니고 사춘기 시기가 되면 학교생활은 물론 사회생활에 필요한 자조활동이나 올바른 생활 습관, 그리고 성인으로서 필요한 여가 활동을 익혀야 한다. 그런데 사춘기에 접어들고 청소년기에 이를수록 부모의 지시를 잘 따르지 않고 충돌이 잦아지면서 상황이 더욱 힘들어진다.

많은 부모가 적절한 시기에 아이에게 자조활동을 가르쳐야 한다는 것을 인지하면서도 방법론을 몰라서 답답해한다. 이 책은 바로 그런 부분의 어려움을 해결하는 내용을 담고 있다. 또한, 너무나 당연해서 쉽게 놓칠 수 있는 과제까지 소개하고 있다.

최근 들어 이러한 자립 기술을 키워줄 방법으로 대두되는 것이 바로 ABA다. 자폐 스펙트럼 장애가 있는 아이에게 효과적이라고 알려진 ABA는 사실 남녀노소 모든 사람의 삶의 질을 높이는 데 활용되는 프로그램이다. 최근에는 미취학 아동을 중심으로 활용되던 ABA가 초등학교 이후의 교육 현장으로까지 확대되고 있다.

이 책 《사회적 자립과 자기통제를 키우는 ABA 교육법》은 바로 ABA를 활용하여 자폐 스펙트럼 장애가 있는 사춘기 시기의 아이에게 사회적 자립을 위한 다양한 기술을 알려 주고 익힐 수 있도록 도와준다.

계절에 맞는 올바른 복장부터 자조활동, 위생·건강 관리, 적절한 언어 사용, 취미 만들기,

금전 관리, 시간 관리, 지역사회 활동 등을 가정과 지역사회가 어떻게 가르치면 되는지 다양한 사례를 들어가며 체계적으로 알려주고 있다.

또한, 과제 성공을 위해 아이의 수준에 맞춰서 시각 자료를 준비하는 것부터 실전을 위한 롤플레잉(역할수행하기), 지역사회 구성원과의 협업 등 사전에 준비해야 할 것들까지 한눈에 알 수 있도록 하였다.

이러한 과정을 진행하려면 먼저 아이의 현 수준을 정확히 파악하고 아이가 할 수 있는 최선의 목표 행동을 정한 후 시각적 지원, 행동계약서 등을 활용하여 스몰 스텝(small step)으로 해야 한다. 이 책은 이 모든 과정과 방법을 전문가뿐만 아니라 가정에서도 쉽게 실행할 수 있도록 삽화와 만화를 곁들여서 자세히 설명하고 있다.

아이가 어리면 그나마 수월하지만, 아이가 클수록 이미 학습된 행동을 바꾸기는 정말 쉽지 않다. 그럴수록 이 모든 과정 하나하나를 세밀하게 준비하고, 이를 아이가 몸으로 익힐 때까지 끊임없이 반복해야 한다. 때로는 그 과정들이 느리고 더디게 진행되어 지치고 힘겨울 것이다. 그 과정에서 부모 혹은 보호자 자신의 스트레스 관리도 해야 한다.

하지만 어느 순간 뒤돌아보면 아이가 성장했다는 걸 알 수 있다. 그리고 그 하나하나 쌓아 올린 노력의 결실이 아이가 사회에서 안정적으로 생활할 수 있도록 도와준다는 것도 느낄 것이다.

고루한 말로 들리겠지만 오늘도 가정에서 아이와 고군분투하는 많은 부모님과 보호자님께 조금만 더 용기를 내라고 말하고 싶다. 이 책이 분명 든든한 지원군이 되어줄 것이다.

"오늘도 응원합니다."

민정윤
BCBA, 즐거운ABA아동발달연구소장

저자의 글

교육의 최종 목표는 학교에서 잘 지내는 것뿐만 아니라 학교에서 배운 지식과 기술을 생활 속에서 활용해 더욱 질 높은 생활을 보내도록 하는 데 있다. 그러나 학교에서 배우는 것들이 앞으로의 생활에 도움이 되는 요소를 포함하고 있다고 해도 그것만으로는 일상생활을 꾸려가기에는 다소 부족하다.

　예를 들어 산수를 배워서 돈 계산을 할 수 있게 되었더라도 실제 상황에서 물건을 사고 그 금액만큼 돈을 지불할 수 있을지는 확실하지 않다. 또한, 친밀한 가족이나 선생님과는 능숙하게 대화하지만 길을 헤매고 있을 때 도움을 요청하기 위해 낯선 사람에게 말을 거는 것은 어려워할지도 모른다. 도서관에서 원하는 책을 빌리거나 병원에서 아픈 곳이나 증상을 설명할 수 있을지도 확실하지 않다.

예전에 필자는 자폐 스펙트럼이 있는 아동들을 대상으로, 이 책에서 다루고 있는 자립 생활에 관련된 기술을 습득하기 위한 '생활기술 캠프'를 주최한 적이 있었다. 그때 캠프 참가자 중에는 표현 언어는 부족했지만 자명종 시계를 세팅해서 스스로 일어나기, 빨래 말리고 정리하기, 간단하게 조리하기 등의 자립 활동이 가능한 아이도 있었다. 이때의 캠프를 통해 아이가 이해하고 있는 것과 실제로 스스로 할 수 있는 것에는 큰 차이가 있다는 것을 새롭게 깨달았다. 또한 '이건 할 수 있겠지?', '이건 못 하겠지'와 같은 보호자의 예측과 실제로 아이가 할 수 있는 기술을 비교했을 때에도 큰 차이가 있었다.

이 책은 자폐 스펙트럼 장애가 있는 초등학교 고학년부터 청소년기에 걸친 아동이 '앞으로 자립해서 살아가기 위해서 현실적으로 어떤 기술을 배우는 게 도움이 될까?'라는 문제에 대해 선택지와 도움을 주고자 집필했다.

책에서 취급하는 영역은 요리, 세탁과 같이 가정에서 일상적으로 사용되는 기술, 취미와 운동 등 여유시간을 보내는 기술, 외모와 몸가짐 같은 자기관리 기술, 지역 구성원으로서 살아가는 기술, 기본적인 예의와 대화 기술 등이다. 학교에서 배우는 교과 학습의 연장이 아닌 '삶의 질 높이기(QOL, Quality Of Life)'에 중점을 두고 실질적으로 도움이 되게끔 구성하였다.

또한, 각 기술 프로그램은 응용행동분석(ABA)이라는 실증적인 심리학에 근거하여 필자를 포함한 연구원들이 대학교 임상센터에서 오랫동안 실천하고 연구한 결과를 중심으로 만들었다. 그리고 가정에서 보호자가 직접 아이에게 프로그램을 수행하도록 가르칠 때 유의해야 할 사항이나 핵심 부분을 사용 방법과 일러스트 등을 첨가하여 가능한 한 쉽게 설명하고자 노력하였다.

부디 이 책이 가정이나 학교에서의 학습에 폭넓게 활용되어 자폐 스펙트럼 장애 아동의 생활의 질이 높아지고 자립 능력을 키우는 데 도움이 되기를 기대한다.

이노우에 마사히코

왜? ABA(응용행동분석)인가

ABA란 무엇인가? ABA(Applied Behavior Analysis)는 간단히 말해 학습과 행동에 대한 과학이다. 학습이 어떤 원리로 일어나는지, 그리고 인간의 어떤 행동이 어떤 이유로 일어나는지를 밝히고, 이 원리를 적용함으로써 유용하고 바람직한 행동은 늘리고 해롭거나 학습에 방해가 되는 행동은 감소시키려는 학문이다.

ABA는 모든 인간에게 적용할 수 있지만, 특히 자폐 스펙트럼과 같은 발달장애의 치료에 탁월하게 효과적이다. ABA 이론이 등장한 지는 반세기가 훌쩍 넘었지만 1985년 프린스턴 아동발달 연구소의 논문과 1987년 UCLA 대학 아이바 로바스 박사(Dr. Ivar Lovaas)의 연구 결과가 발표되면서 큰 주목을 받기 시작했다. 당시 로바스 박사의 연구에서 ABA 중재를 받았던 19명의 자폐 스펙트럼 아동 중 9명이 일반 아동과 비슷한 수준으로 개선되었음이 보고되었기 때문이다. 이후 수많은 연구에서 반복적으로 이를 검증하였는데 결과적으로 ABA가 명백히 효과적이라는 사실이 끊임없이 증명되었다.

자폐 스펙트럼과 관련된 다양한 중재 방법 간 비교 연구에서도 ABA는 어떤 치료법보다도 효과적인 결과를 지속해서 얻어냈다. 현재 ABA는 가장 과학적이고 객관적으로 검증된 중재 방법으로 자리 잡았다.

자폐 스펙트럼 장애 연구와 치료가 가장 앞서 있는 미국에서 가장 적절한 치료법으로 ABA를 권고한다. 미국의 국립정신건강연구소(NIMH, National Insitute of Mental Health), 질병통제예방센터(CDC, Center for Disease Control), 심리학회 산하의 여러 분과학회, 소아청소년정신의학회 등 기관들은 모두 하나같이 ABA 이론에 근거한 치료를 추천하고 있다.

미국은 특히 2014년부터 자폐 스펙트럼 장애의 조기치료에 보험 처리가 가능해지면서 ABA 전문가와 기관의 수가 급격히 증가하고 있다. 또한 공립학교에서 발생하는 각종 문제행동을 다루는 효과적인 방법으로 ABA가 채택되면서 '긍정적 행동 지원(PBS, Positive Behavior Support)'이라는 교육적 틀을 형성하는 데 기여하였다.

ABA는 모든 과제를 작은 단위로 최대한 잘게 쪼개어 학습시키는 체계적이고 구조화된 방법이다. 자폐 스펙트럼 장애 등 발달장애 아동에게는 이러한 ABA가 가장 효과적인 학습 방법이다. 예를 들어 아이가 '냉장고에 가서 우유 가져와'라는 말을 알아듣지 못해서 수행이 불가능하다고 하자. ABA에서는 '냉장고', '우유', '가다', '가져오다'라는 개념을 각각 가르쳐 터득시키고 다시 이를 모아서 긴 문장으로 된 지시를 수행할 수 있도록 가르친다.

이렇게 ABA는 모든 과제를 아이 스스로 통제할 수 있을 정도로 잘게 나누어 학습시키고, 점차 도움의 손길을 줄이면서 아이가 혼자 힘으로 할 수 있게 유도한다. 이 방법을 인내심을 갖고 일관되게 하다 보면 결국 아이는 자발적으로 주변의 도움 없이도 학교나 일반 사회 환경에서 배움을 지속할 수 있다.

ABA는 언어부터 인지, 사회성뿐만 아니라 옷을 입거나 양치를 하는 일상생활에 이르기까지 모든 영역의 기술을 가르치는 포괄적인 프로그램이다. 자폐 스펙트럼 장애에 대한 ABA의 효과를 보다 직접적으로 나타내는 말은, 로바스 박사가 표현한 대로 "ABA란 아이가 스스로 배우는 법을 배울 수 있게 돕는다"일 것이다. 최근 국내에서도 ABA에 대한 인식과 신뢰가 높아지고 있는 것도 이와 같은 학문적 원리와 방향 그리고 과학적인 근거를 바탕으로 한 치료의 효과성 때문이다.

※ 《서두르지 않고 성장 발달에 맞추는 ABA 육아법》(기초편)을 참고하였습니다.

필독! 꼭 알아야 할 ABA 용어

✔ 기능행동평가 (FBA, Functional Behavior Assessment)는 문제행동의 목적(기능)에 대한 정보를 얻기 위한 체계적인 평가 방법이다. 그리고 이 방법 중에 가정에서 쉽게 접근할 수 있는 것이 'ABC 분석'이다. 평가 결과는 문제행동을 감소시키고 바람직한 행동을 증가시키기 위한 중재 방법을 안내하는 데 사용된다.

✔ ABC 분석 은 생활 속에서 일어나는 **행동(B)**을 기록하는 직접적이고 지속적인 관찰의 한 형태로서, 분석하려는 문제행동 앞의 **선행사건(A)**과 행동 후의 **결과(C)**를 기록한다.

✔ 행동 (behavior)은 살아 있는 유기체의 활동으로, 특히 사람이 하는 모든 것을 포함한 행동을 말한다.

✔ 선행사건 (antecedent)은 행동 전에 일어난 일, 혹은 어떤 행동 이전에 존재하거나 발생하는 환경 조건 또는 자극 변화를 말한다.

✔ 결과 (consequence)는 행동의 결과, 혹은 어떤 행동에 뒤따라오는 자극의 변화다.

✔ 선행중재 (antecedent intervention)는 문제행동의 발생 빈도를 줄이거나 대체 행동을 증가시키기 위해 목표 행동이 일어나기 전의 환경(선행사건)을 바꾸는 것을 말한다.

✔ 촉구 (prompt)는 과제를 스스로 할 수 없을 때 옆에서 살짝 도와주어 성공하게 하는 것을 말한다.

✔ **강화** (reinforcement)는 어떤 행동에 뒤따른 결과 혹은 보상, 칭찬 등으로 그 행동의 빈도가 높아지거나 정도가 강해지는 것이다. 이때 제공되는 활동이나 물건을 강화제(reinforcer)라고 한다.

✔ **약화** (punishment)는 어떤 행동에 뒤따른 결과 혹은 벌로 그 행동의 빈도가 낮아지거나 정도가 약해지는 것이다. 이때 싫어하는 활동이나 물건을 혐오제(punisher)라고 한다.

✔ **대체행동 차별강화** (DRA, differential reinforcement of alternative behavior)는 감소시키고자 하는 목표 행동에 대해 행동의 결과에 차별을 두어서, 바람직한 대체 행동에는 강화를 제공하고 문제행동에는 강화를 보류하는 소거 절차를 말한다.

(예시)

선행사건(A)	행동(B)	결과(C)
수업 시간에 질문이 생겼다	큰 소리로 질문한다	교사가 반응하지 않는다(강화 보류)
수업 시간에 질문이 생겼다	조용하게 손을 든다	교사가 반응한다(강화 제공)

✔ **중재** (intervention)는 타인의 행동을 바꾸려는 의도로 실행하는 조작을 말한다.

✔ **분노발작** (tantrum 또는 temper tantrum, 탠트럼)은 일반 아동에게도 흔히 일어나는 것으로, 보통 자신이 원하는 것을 얻지 못하거나 금지를 당하면 일어난다. 그러나 자폐 스펙트럼 아동의 경우 탠트럼의 양상이 훨씬 극심하다. 의사소통 능력의 결여로 원하는 것을 자유롭게 표현할 수 없고, 자신이 뭔가를 제지당하는 이유도 잘 이해하지 못하기 때문이다. 그래서 아이가 절망감으로 인해 나타내는 극심한 탠트럼을 '분노발작'이라고 표현한다.

목차

추천의 글　004
감수의 글　006
저자의 글　008
왜? ABA(응용행동분석)인가　010
필독! 꼭 알아야 할 ABA 용어　012
옮긴이의 글　270

PART I 사춘기의 발달과제

CHAPTER 1 • 사춘기에는 어떤 변화가 있을까?

보호자로부터 감정적 자립　022
이유 없는 문제행동은 없다　024
자신과 맞는 친구를 찾는다　027
여가시간을 잘 보내려면　030
변화하는 사춘기에 대응하려면　032

CHAPTER 2 • 사춘기에는 어떻게 교육해야 할까?

양육의 최종 목표는 '자립'　046
생활자립기술 습득의 실제 사례　054
자기통제의 힘 키우기　060
자립하기 위해 꼭 필요한 과제　068

| PART II | **가정에서의 기술** |

CHAPTER 3 • 자립을 위한 생활 기술
(자기관리 / 조리 / 세탁 / 청소)

| 자기관리 | 01. 옷 입기　**080**
02. 머리 빗기　**085**
03. 화장하기　**088**
04. 몸가짐 단정히 하기　**092** |

| 조리 | 05. 전자레인지 사용하기　**096**
06. 간단한 조리 직접 하기　**099**
07. 설거지와 뒷정리하기　**103** |

| 세탁 | 08. 세탁기 사용하기　**107**
09. 빨래 널고 개기　**110** |

| 청소 | 10. 청소기 돌리기　**115**
11. 걸레와 빗자루 사용하기　**118**
12. 쓰레기 분리수거 하기　**121** |

CHAPTER 4 • 생활의 질을 높이는 여가 기술
(취미 / 자립 연습)

| 취미 | 13. 손으로 만들기 작업　**132**
14. 악기·뜨개질·종이접기　**137**
15. 인터넷 안전하게 이용하기　**142** |

| 자립 연습 | 16. 심부름을 통해 취업 대비 **150**
17. 혼자서 집 지키기 **156** |
|---|---|

CHAPTER 5 • 자기통제를 위한 관리 기술
(시간과 돈/건강/생리와 자위)

| 시간과 돈 | 18. 스케줄 관리하기 **164**
19. ATM 이용하기 **169** |
|---|---|
| 건강 | 20. 운동으로 건강 지키기 **177**
21. 약 먹기 **180** |
| 생리와 자위 | 22. 생리, 미리 알려주기 **186**
23. 자위, 올바르게 지도하기 **191** |

| 용어 | • 행동계약 **071**
• 토큰경제 **084** |
|---|---|
| 칼럼 | • 자립 기술은 어렸을 때부터 가족과 함께 생활 속에서 **072**
• 사용하는 방법을 활용하기 쉬운 형태로 만든다 **124**
• 여가 기술은 모든 기술의 기본 **148**
• 자폐 연구 프로그램, TEACCH **174** |
| 집에서
실천하고
있어요 | ❶ 심부름을 통해서 일의 기술을 배운다 **155**
❷ 스몰 스텝으로 스스로 약 먹기 성공 **184**
❸ 혼자 자전거를 타고 원하는 장소까지 간다 **210**
❹ 좋아하는 물건도 사고, 돈도 관리한다 **241** |

PART III 사회에서의 기술

CHAPTER 6 • 사회 활동을 위한 자립 기술
(이동하기 / 시설 이용 / 물건 사기)

이동하기
24. 대중교통 이용하기　200
25. 지도 보기　206

시설 이용
26. 공공시설 이용하기　212
27. 레저시설 이용하기　219
28. 병원 이용하기　226

물건 사기
29. 유통기한 이해하기　231
30. 할인에 관해 이해하기　234
31. 적절한 분량 구입하기　237

CHAPTER 7 • 대인관계를 위한 소통 기술
(예절 / 통신)

예절
32. 인사하기　246
33. 식사 예절 지키기　251
34. 타인에게 물어보기　255

통신
35. 전화 응대하기　259
36. 스마트폰 사용하기　264

사춘기의 발달과제

1. 사춘기에는 어떤 변화가 있을까?
2. 사춘기에는 어떻게 교육해야 할까?

CHAPTER 1

사춘기에는 어떤 변화가 있을까?

...

사춘기 특유의 발달과정은 모든 아이가 거쳐간다.
개인마다 차이는 크지만, 자폐 스펙트럼 아이도
사춘기가 오면 마찬가지로 신체적, 정신적 변화가 찾아온다.

CHAPTER 1 사춘기에는 어떤 변화가 있을까?

보호자로부터 감정적 자립

자아를 확립해가는 시기

사춘기는 아동에서 성인으로 변해가는 시기다. 개인마다 차이는 있지만 대체로 만 8~9살 정도에서 17~18살까지의 시기를 말한다. 육체적인 면에서는 제2차 성징 등 신체 성장을 동반하는 변화가 일어나고, 정신적인 면에서는 보호자의 보호 아래에서 벗어나 자아를 확립해가는 시기다. 사춘기 시기에는 아이가 지시를 잘 따르지 않아 부모가 꾸짖는 일이 잦고, 아이의 반항적인 태도가 더욱 강해지면서 대화의 악순환이 나타나기 쉽다.

옆의 만화와 같은 상황은 사춘기 아이가 있는 가정에서 쉽게 볼 수 있다. 예시에서는 보

사춘기 아이는 사소한 일로 보호자에게 소리 지르거나 물건을 던지는가 하면
상황이 바뀌면 보호자에게 찰싹 붙어서 응석을 부리는 등 변덕스러운 모습을 보인다.

대화의 악순환은 시작되고

호자가 던진 감정적인 말이 아이의 반항적인 행동을 유발하였고, 아이의 반항으로 감정이 격해진 보호자는 더 강하게 꾸짖었다. 그 결과 아이는 보호자의 말을 일절 받아들이지 않게 되었다. 대화의 악순환이 일어나고 있는 전형적인 예시다.

이처럼 사춘기는 보호자에게 '말을 듣지도, 대화하려고도 하지 않는 아이를 어떻게 다뤄야 할지' 초조함과 당황스러움이 생기는 시기다.

사춘기의 특징적인 개념 중 '양가성'이라는 것이 있다. 아이가 사소한 일로 보호자에게 소리 지르거나 물건을 던지는가 하면 시간이 지나 상황이 바뀌면 보호자에게 찰싹 붙거나 응석을 부리는 등 정반대의 모순된 태도를 보이는 것을 말한다. 부모에게는 당황스럽겠지만 사춘기 아이의 '반항'이나 '양가성'은 인간으로서 자립을 위해 필요한 발달상의 통과점이다.

사춘기에서 성인기에 걸친 발달과제에는 일반적으로 다음 5가지가 있다.

첫째 보호자로부터 감정적 자립, 둘째 마음과 몸의 변화 깨닫기, 셋째 또래와 깊은 인간관계 만들기, 넷째 자기 이해도 높이기, 다섯째 직업 선택하기다.

위와 같은 과제에 직면한 사춘기 아이들에게 고민거리와 괴로운 일들이 많아지는 것은 당연하다. 게다가 제2차 성장에 따른 호르몬의 불균형으로 충동적이고 감정 기복이 심해진다.

이유 없는 문제행동은 없다

아이보다 더 불안한 부모

사춘기 특유의 발달과정은 모든 아이가 거쳐간다. 개인마다 차이는 크지만, 자폐 스펙트럼 아동도 사춘기가 오면 사춘기 특유의 변화가 찾아온다. 보호자의 지시에 고분고분하게 따르던 아이가 사춘기가 되면 더는 따르지 않게 되는 상황이 가장 많이 나타난다. 사춘기에 자폐 스펙트럼 아동과 보호자의 관계가 힘든 이유 중 하나는 보호자의 초조한 감정이 개입되기 때문이다. 예를 들어 다른 사람 앞에서 아이가 혼잣말을 중얼거리거나 몸가짐이 흐트러진 채 신경 쓰이는 행동을 하는 것에 대해 많은 보호자가 다음과 같은 생각을 하게 된다. '어렸을 때는 주위에서 너그럽게 봐주지만, 아이가 이대로 성장하면 사람들이 차가운 눈으로 보겠지. 지금 반드시 고쳐야 해', '지금 제대로 가르쳐주지 않으면 이 아이는 앞으로 어떻게 살아가게 될까' 등의 생각이 들면서 초조함과 불안감이 커진다.

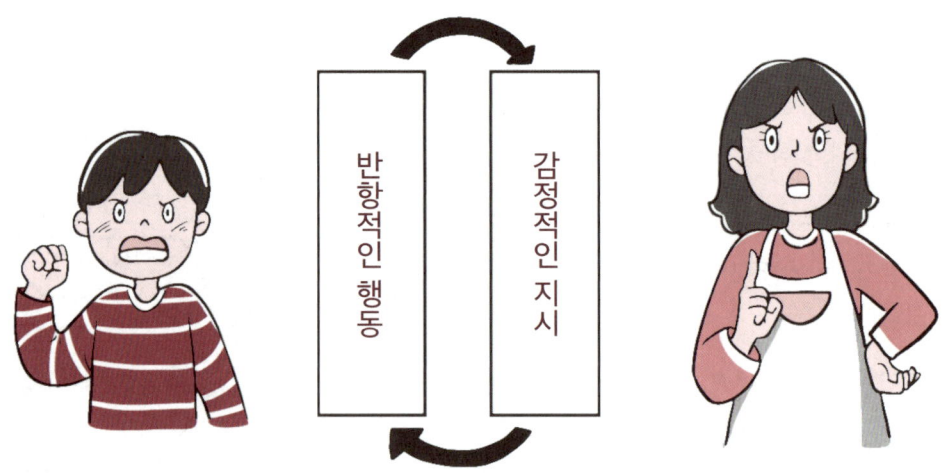

사춘기 시기에 부모의 간섭이 많아지면 아이는 부모의 지시에 따르지 않게 되거나 때로는 보호자에게 폭언이나 폭력을 사용하는 악순환이 생긴다.

행동을 기록하고 분석하다

그런 불안감 때문에 이전에는 너그러운 마음으로 보던 아이의 행동에 일일이 주의를 주게 된다. 이렇게 부모의 간섭이 많아지면 아이는 부모의 지시에 따르지 않거나 때로는 보호자에게 폭언이나 폭력을 사용하는 악순환이 생기게 된다.

필자가 근무하는 대학교의 센터에 유아기 때부터 다니는 지적장애를 동반한 자폐 스펙트럼 장애가 있는 여자아이가 있다. 아이는 중학생이 되자 심한 짜증을 내면서 접시를 던지는 행동을 반복하였다. 어머니는 지금까지 침착했던 딸이 과격한 행동을 한 것에 대해 큰 충격을 받고 '혹시 장애 때문에 이런 행동을 하는 걸까?', '점점 심해지지 않을까'와 같은 불안감이 커졌다.

이 상황에 대해 필자는 아이를 침착하게 하려면 먼저 어머니 자신이 접시를 던지는 딸의 행동을 냉정하게 관찰하는 것이 필요하다고 생각했다. 아이의 행동을 개선하기 위해 이야기를 나누며 평가(내담자에 관한 정보를 수집하는 것)를 진행한 결과, 어머니는 큰딸도 중학생 시절 화가 날 때 자주 접시를 던졌던 것을 기억해냈다. 동생은 언니의 행동을 보고 기억하고 있었을 것이다.

어머니는 큰딸에게 대응했던 경험으로 작은딸이 화가 날 때 접시를 던지는 행동은 '장애의 합병증이나 이상성이 아니고 사춘기 특유의 것일지도 몰라. 그리고 지금까지 내가 했던 대응이 잘못되지 않았구나'라고 생각하게 되면서, 조금 여유를 갖고 아이의 행동을 관찰할 수 있게 되었다. 이후 다양한 평가를 진행한 결과, 접시를 던지는 것은 학교 가는 것을 피하기 위한 회피기능 행동이라는 사실을 알게 되었다. 특히 아이는 같은 특별지원학급에 있는 친구가 지시하는 것을 무척 싫어했다. 그 친구는 남을 챙겨주기 좋아해서 이래라저래라 한 것이다. 학교와 연계하여 이 문제를 해결하고, 집에서는 접시 던지는 행동에 과잉대응하지 않은 결과 아이의 문제행동은 금방 나아졌다.

위와 같은 사례처럼 사춘기에 지금까지 없었던 격한 문제행동이 발생하면 보호자는 큰 충격을 받는다. 또한 생각이 꼬리를 물다 보면 '앞으로 더 악화되는 것은 아닐까?' 등의 과도한 불안감에 빠져들기 쉽다. 그러나 침착하게 관찰하고 '행동의 기능'을 객관적으로 기록하고 분석해 냉정하게 대응한다면 문제행동을 개선할 수 있다.

사춘기의 문제행동은 치료 대상?

앞의 사례의 경우 유아기부터 학령기까지는 고분고분하던 아이가 사춘기가 되면서부터는 '누군가 나에게 명령한다'라는 것 자체를 싫어하게 된 것일 수도 있다. 그렇게 싫은 행동을 학급 친구가 계속해왔기 때문에 등교를 거부하게 되었고, 등교 거부에 대한 대응으로 보호자가 지시하는 것이 계기가 되어 접시를 던지는 행동으로 표출된 것이다.

아이가 성장해 사춘기가 되면 많은 보호자가 신경이 쓰이고 눈에 띄는 문제행동으로 '친구와 큰 목소리로 말하기', '단정하지 못한 복장', '칠칠치 못함' 등을 꼽는다. 하지만 이런 행동은 일반 아이의 사춘기에도 흔히 볼 수 있다.

그런데도 자폐 스펙트럼 아이에게 신경이 쓰이는 행동이 생기면 '장애가 있어서 생기는 행동이다', '계속 지속할 것이다', '습관이 되면 그만둘 수 없다' 등으로 해석해서 모든 행동을 치료 대상으로 생각할 수 있다.

하지만 아이의 행동이 심각한 것이기보다는 사춘기 특유의 심신과 환경 때문에 생긴 가능성도 있음을 잊지 않아야 한다. 그렇지만 어떤 행동을 인정할 것인지, 어떤 기준으로 지도 또는 치료의 대상으로 봐야 할지는 보호자로서 고민해야 한다. 이에 관해서는 32쪽(변화하는 사춘기에 대응하려면)을 참고하고 의사 또는 전문가와 상담하는 것을 추천한다.

자신과 맞는 친구를 찾는다

또래가 아니어도 괜찮아

자폐 스펙트럼 아이의 사춘기는 일반 아이와 다른 점이 있다. 가장 먼저 꼽을 수 있는 것은 또래와 친구 맺기를 어려워하는 점이다. 사춘기 아이는 자신이 의지할 곳을 또래 친구에게 찾으려고 하지만 자폐 스펙트럼 아이 대부분은 또래와 인연을 쌓는 것을 어려워한다.

고기능 자폐 스펙트럼 아동인 경우 친구를 원해서 여러 가지 시도를 하지만 생각대로 잘 되지 않아 고민일 때가 많다. 또한, 그룹에서 리더 역할을 하는 아이를 동경하면서 '나는 도저히 친해질 수 없겠지'라고 고민하거나, 억지로 리더가 되려고 해서 주변 친구들과 트러블을 일으키기도 한다.

물론 또래와의 관계를 피하고 자발적으로 독립을 선택하는 아이도 있다. 하지만 이러한 선택을 하는 아이도 또래의 모든 아이가 싫은 것이 아니라 자기와 맞는 친구를 찾지 못했기 때문에 어쩔 수 없이 독립을 선택한 것이라는 것을 이해해야 한다.

그러나 관점을 좀 바꿔보자. 성격이 맞는 친구를 반드시 학급이나 학교에서 만들 필요는 없다. 또래가 아니어도 괜찮다. 어른과 대화하는 것을 좋아하는 아이라면 '어른 친구'를 만드는 것도 좋다.

교우관계 때문에 등교를 거부하게 된 아스퍼거 증후군의 중학생 남자아이는 좋아하는 모형 장난감을 판매하는 동네 모형가게에 다니면서 그 가게의 단골 손님들과 친해졌다. 이후 아이는 모형가게에서 친해진 아저씨가 경영하는 자동차 수리공장에 취직해서 자동차 구입을 목표로 매일 활기차게 일하고 있다.

언젠가는 동급생도 성인이 된다. 어른이 되어서도 '중학생 친구가 없어'라며 고민하는 사람은 없을 것이다. 연상이든 연하든 신뢰할 수 있고 상담할 수 있는 친구를 만들면 된다.

아이가 자기부정에 빠지지 않도록

자폐 스펙트럼 아이 중에는 '나는 친구들과 어딘가 다른 것 같다'라고 깨닫는 아이도 있다. 주변에서 이해해주는 환경이라면 위화감을 느끼면서도 그 안에서 나름대로 친구를 사귀는 법, 거리를 두는 법을 배워갈 수 있다.

하지만 주변에서 이해해주지 않고 왕따를 당하거나 집단에 속하지 못하게 될 경우 아이가 극단적인 생각에 빠지기 쉽다. '나는 안돼', '내가 나쁜 거야'라고 극단적으로 강한 자기부정에 빠지거나 '나를 받아주지 않는 세상이 나빠', '이러한 교육을 시킨 부모님이 나빠' 등 모든 원인을 자신 외의 타인에게서 찾기도 한다.

성격이 맞는 친구를 반드시 학교에서 만들 필요는 없다.
어른과 대화하는 것을 좋아하는 아이라면 '어른 친구'여도 좋다.

아이가 고민을 말할 때 올바른 대응법

사춘기가 되면 친구관계에 대해 보호자에게 말하지 않는 경우가 많다. 그래서 무엇보다도 '보호자에게 얘기하고 상담을 시도하는 것'을 강화해주어야 한다. 예를 들어 친구관계에 관련된 고민을 들었을 때 보호자는 무심코 아이에게 "친구에게 왜 그런 행동을 한 거야?"라고 지적부터 하기 쉽다. 하지만 그런 마음을 잠깐 내려놓고 보호자에게 상담하려고 한 행동 자체를 칭찬해주자. 사춘기에는 아이가 보호자 또는 타인에게 먼저 상담할 수 있도록 강화하는 것이 더 중요하다.

지적장애를 동반한 자폐 스펙트럼 아이의 경우에는 특별지원학교 학급의 친구와 성향이 맞지 않아 생기는 문제가 많다. 지나치게 간섭하는 성향의 아이나 소리를 지르거나 계속 뛰어다니는 등의 소란스러운 아이는 자극에 민감한 아이와는 성향이 맞지 않는 경우가 많다.

이런 성향 차이는 학교에서 분노발작(탠트럼)을 일으키는 계기가 될 수 있으므로 적절하게 거리 두는 법을 알려주어야 한다. 교실 안이나 학교 내에 별도로 '침착해지는 장소'를 지정해놓고 분노발작을 일으킬 조짐이 보이거나 일어나면 그곳에 가서 침착해지도록 연습하는 식이다. 따라서 학교에서는 학급을 편성할 때나 그룹수업을 할 때 학습능력뿐만 아니라 성향의 차이를 고려하여 환경을 조정해야 한다.

CHAPTER 1 사춘기에는 어떤 변화가 있을까?

여가시간을 잘 보내려면

인터넷과 게임 사용 규칙 정하기

자폐 스펙트럼 사춘기 아이에게 여가시간을 줄 때 주의할 점이 있다. 우선 일반 아이보다 자기통제가 어렵다는 것을 염두에 두어야 한다. 그러다 보니 남들보다 인터넷이나 온라인 게임에 빠져들기 쉬운 경향이 있다. 시간이나 현재 상황을 판단해서 스스로 절제하는 것을 어려워하고, 일단 시작하면 도중에 멈추는 것도 쉽지 않다. 그 결과, 해야 하는 다른 일은 하지 않고 온종일 게임만 하거나, 그만하라는 보호자의 제지가 들어와도 이에 순응하지 않고 오히려 반발하거나 짜증을 내는 상황이 자주 일어나기도 한다.

또한, 장애 유무에 관계없이 사춘기 아이는 현실에서 대인관계 등 힘든 일이 생겼을 때 가상의 세계, 즉 인터넷이나 온라인 게임으로 피하려는 경향이 강하다. 스트레스가 해소되거나 자신감이 회복되기 때문이다. 인터넷이나 온라인 게임이 언제나 나쁜 것은 아니므로 적절하게 어울리는 방법을 가르치는 것도 필요하다. 다만, 인터넷 또는 게임에 너무 빠져서 아이가 가상공간의 세계만이 인생에서 유일한 즐거움이라고 착각할 수 있다는 점에 주의해야 한다. 이럴 때 강제로 금지시키면 강하게 반발해 폭력을 사용할 위험성이 높다. 따라서 자폐 스펙트럼 아이는 인터넷 또는 게임에 빠져들기 쉬운 경향이 있다는 것을 고려하여, 유아기나 초등학교 저학년부터 적절하게 사용하는 방법이나 규칙을 미리 가르쳐야 한다.

하지만 보호자가 인터넷이나 게임 시간을 제한하더라도 아이가 그것을 지키지 않는 경우가 훨씬 많다. 이런 경우에는 행동계약서를 작성하는 것을 추천한다. 행동계약서의 서식은 정해진 것이 없어 자유롭게 만들어도 상관없지만, 몇 가지 핵심 사항을 파악하고 있으면 행동계약서를 작성하고 실행하기가 수월하다.

먼저, '게임은 하루에 2시간까지만 한다'와 같이 반드시 지켜야 하는 규칙을 구체적으로 설정한다. 내용은 아이와 함께 정한다. 처음에는 아이가 지키기 쉬운 단계부터 시작한다.

현실 세계의 즐거움을 찾아서

다음으로, 규칙을 지켰을 때의 보상과 규칙을 지키지 못했을 때의 페널티도 아이가 납득할 수 있도록 상의한 후에 결정한다. 정해진 규칙을 쉽게 지킬 수 있도록 평소에 휴대전화는 보호자가 맡아두고, 컴퓨터는 정해진 시간이 지나면 자동으로 꺼지게 설정하는 것도 좋다. 행동계약에 관해서는 62~63쪽(② 아이와 함께 행동계약서를 작성한다)에 자세히 설명하고 있으니 참고한다.

더불어 현실 세계의 즐거움을 느낄 수 있도록 여가 기술도 알려주어야 한다. 여가를 보내는 방법은 평생 사용할 수 있는 아주 중요한 기술이다. 좋아하는 레스토랑에 가서 밥 먹기, 좋아하는 가수의 콘서트 가기, 자신이 갖고 싶은 물건을 가게에 가서 직접 고르고 구입하기 등은 오감을 자극하여 체험할 수 있는 여가 기술로, 현실 세계에서만 느낄 수 있는 즐거움이다. 따라서 다양한 즐거움을 경험할 수 있는 기회를 자주 마련해준다.

현실 세계에서만 느낄 수 있는 오감과 즐거움이 있다.
이를 다양하게 경험할 수 있는 여가 기술을 알려준다.

CHAPTER 1
사춘기에는 어떤 변화가 있을까?

변화하는 사춘기에 대응하려면

사춘기 양육의 필수 사항 3가지

사춘기는 '자립'이라는 큰 목표를 향해서 새로운 걸음을 내딛는 시기다. 보호자라면 누구나 아이가 사회 구성원으로서 자립하여 풍요로운 삶을 살기를 바랄 것이다. 그러기 위해서는 사춘기를 어떻게 보내야 할까?

먼저 사춘기에 어떤 변화가 있으며, 이에 대해 어떻게 대응해야 할지를 알아보자. 다음은 자폐 스펙트럼 사춘기 아이를 현명하게 양육하는 필수 사항 3가지다. 첫째 양육이나 교육 목표 바꾸기, 둘째 자기통제의 힘 획득하기, 셋째 부모 자식 관계 재정립하기이다.

① 양육이나 교육 목표 바꾸기

유아기부터 학령기에 걸쳐서 신변 자립과 대화 기술, 사회적 기술, 학업 기술 등 여러 방면으로 아이의 능력을 키우는 것에 집중하다 보면, 주변의 아이들과 비슷해지는 것을 목표로 삼기 쉽다. 하지만 일상생활 능력을 제로에서부터 백 퍼센트까지 끌어올리는 양육을 평생 할 필요는 없다. 보호자도 학창 시절에 잘 못하는 과목이 한두 개쯤 있었을 것이다. 또 학습이든 일상적인 능력이든 다른 사람만큼 따라가지 못해 고민이던 사람도 많았을 것이다. 그때 고민하던 것 때문에 지금도 괴로운가? 아니면 어느 순간부터 다른 사람과 똑같이 할 수 있게 되었는가?

사춘기에 들어서면 아이가 노력하면 얻을 수 있는 쉬운 기술과 노력해도 얻을 수 없는 어려운 기술을 확실하게 구분할 수 있게 된다. 이쯤 되면 '능력의 높낮이가 곧 개성이다'라고 말할 수 있다. 자폐 스펙트럼 아이는 이 높낮이의 범위가 일반 아이보다 좀 클 뿐이다. 그러나 일반적인 방법을 통한 학습으로는 이런 차이를 좁히기 힘들다. 노력해도 얻기 어려운 기술에 몇백 시간을 들이는 것보다 잘하는 기술이나 자신에게 맞는 분야를 더 잘하도록 하는 편이 적응하기도 쉽고 아이도 자신감을 가질 수 있다.

① 양육이나 교육 목표 바꾸기

즉, 사춘기에는 기능 향상이 어려운 부분과 그렇지 않은 부분을 구분해서 잘하는 분야를 확장하고 못 하는 분야는 환경 정비와 주변의 도움 등 다른 수단으로 보완해서 해결할 필요가 있다. 지금까지는 획득하고 싶은 발달상의 목표를 설정하고 스몰 스텝으로 아이의 능력을 'Bottom-up' 방식으로 높혀갔다면 사춘기에는 아이에게 당장 도움이 되는 기술부터 실현시키는 것을 목표로 한다. 그리고 할 수 없는 기술은 다른 수단을 이용해 빠르게 목표를 달성하는 'Top-down' 방식을 계획하도록 한다.

'Bottom-up'과 'Top-down' 방식의 차이를 장보기 예시로 들어 설명하겠다. 'Bottom-up' 방식은 일반인과 똑같이 장보기 하는 것을 최종 목표로 두고, 그 목표를 위해 숫자의 개념이나 계산, 돈의 종류나 돈 세는 법, 장보기 순서 등을 스몰 스텝으로 가르친다. 반면에 'Top-down' 방식은 아이가 지금 할 수 있는 것이 무엇인지를 먼저 생각한다.

[Top-down 방식으로 물건 구입하기 ①]

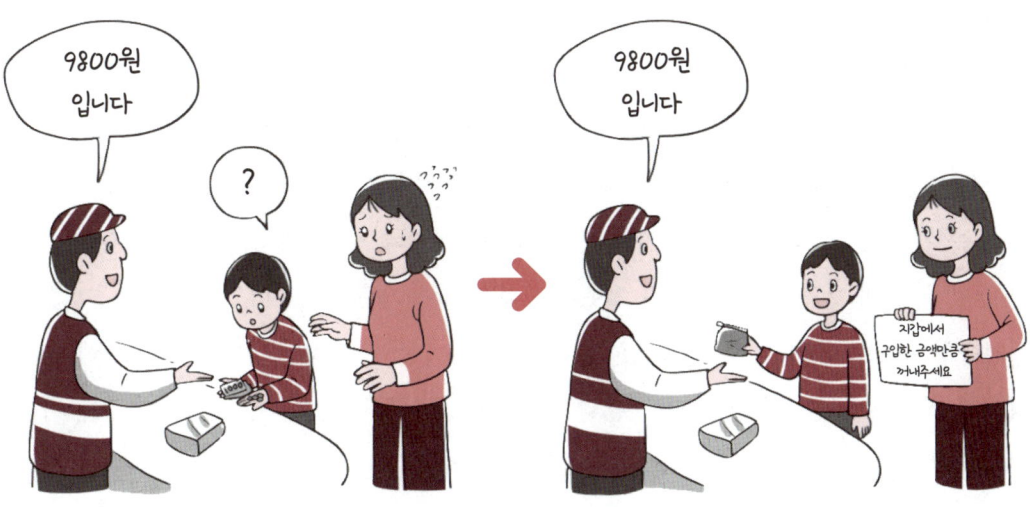

자폐 아이 경우 일반 아이와 똑같은 방법으로 가르치면 목표 달성이 어렵다.
주변의 도움을 받으면서, 아이가 할 수 있는 능력에 맞춰 가르친다.

사춘기 양육의 필수 사항 3가지

다음은 Top-down 방식으로 가르치는 예시다. 1부터 5까지만 숫자를 셀 수 있는 아이가 있다. 아이는 지폐를 5장까지 세는 것은 가능하지만 9,800원과 같이 동전을 포함하는 금액은 준비하지 못한다. 아이는 '원하는 물건을 스스로 구입해서 갖는다'를 학습 목표로 삼고 있다. 그렇다고 해서 일반 아이와 똑같은 방법으로 장을 봐야만 목표를 달성하게 되는 건 아니다. 체크카드를 계산대에 있는 직원에게 건네는 것으로 대체할 수 있기 때문이다. 또는 만 원짜리 지폐를 직원에게 주고 거스름돈을 받는 방법도 괜찮다. 그것도 힘들면 지갑과 '지갑에서 구입한 금액만큼 꺼내주세요'라고 적힌 카드를 준비해서 직원에게 상품과 함께 건네거나 나아가 봉사자나 보조 교사에게 원하는 물건을 골라 건네주는 등의 순서를 밟아가면 목표를 달성할 수 있다.

이와 같이 'Top-down' 방식은 현재 아이가 가진 능력을 활용해서 목표를 달성하는 방법을 찾는다. 새로운 기술이 필요한 때는 아이가 지금 할 수 있을 것 같은 것, 가장 빠른 길을 생각해내서 거기서부터 시작한다.

학습의 최종 목표는 교실이 아닌 사회 안에서 사용할 수 있는 기술을 익히는 데 있다. 실제로 가정이나 사회에서 사용할 수 있고, 그로 인해 생활의 질이 높아지도록 하는 것이야말로 목표 달성이라고 할 수 있다.

따라서 장보기 기술을 가르칠 때 특정한 방법만을 따르라고 가르치는 것이 최종 목표가 아님을 명심하자. 아이가 싫어하면 다른 방법을 시도하거나 아이가 행동을 선택할 수 있도록 하는 것이 중요하다. 핵심은 성인이 된 후에 가르치거나 체험하게 하는 것이 아니라, 아이가 하고자 할 때 연령에 맞춰 할 수 있도록 상황을 만들어주는 것이다.

양육의 목표는 자폐 때문에 하고 싶은데도 할 수 없는 상태를 받아들이는 것이 아니다. 장애로 인해 생기는 곤란한 상황을 훈련으로 모두 극복할 수 있는 것도 아니다. 뭐든지 타인에게 의지하는 것도 아니다. '내가 하고 싶으면 몰두한다'라는 기회를 만들어주는 데 있다. 그 수단이 바로 기술 습득 과제이며 환경의 연구다. Bottom-up과 Top-down, 과제와 환경의 연구는 아이의 양육에서 모순되는 개념이 아니고 서로 조화되는 것이다.

① 양육이나 교육 목표 바꾸기

학교생활도 마찬가지다. 학교에서의 교과학습은 기본적으로 Bottom-up 방식으로 진행된다. 하지만 '생활의 질을 높인다'라는 큰 의미의 인생 목표를 달성하기 위해서는 Top-down 방식도 도입해야 한다. 예를 들어 산수에서는 커리큘럼에 따라 수에 관한 쉬운 내용부터 학습하고 차츰 덧셈과 뺄셈, 분수, 소수의 계산 등을 배운다. 이것이 Bottom-up 방식이다. 하지만 Bottom-up 방식으로만 학습하면 아이가 습득하기 어려운 단원(예를 들면 곱셈 계산)은 계속 익히지 못할 것이다. 따라서 아이가 현재 가진 능력을 사용하여 사회 안에서 자신의 즐거움을 실현하고, 삶의 의욕과 함께 질 높은 생활을 보낼 수 있도록 기회를 줄 필요가 있다. 즉, 수에 관한 학습은 일상생활에서 수를 사용할 수 있는 실제 기술을 중점적으로 가르쳐야 한다. 다시 장보기 예를 들어 설명하겠다.

[Top-down 방식으로 물건 구입하기 ②]

지폐를 5장까지 세는 것은 가능하지만 9,800원과 같은 금액은 준비하지 못한다면
체크카드나 신용카드를 계산대에 있는 직원에게 건네는 것으로 대체할 수 있다.

사춘기 양육의 필수 사항 3가지

아이가 분수나 소수의 단원을 학습하고 있다고 하자. Top-down 방식에서는 분수, 소수의 개념에서 더 복잡한 계산으로 학습을 발전시키지 않는다. '30% 할인'과 같이 일상생활에서 사용되는 할인 표시를 이해하도록 가르치는 것이 Top-down 방식이다. 반올림을 알려주는 단원이라면 '돼지고기 100g'을 사오는 심부름을 받았을 때 97g과 101g이 담긴 팩 중에서 100g에 가까운 것을 선택하도록 가르치는 것, 달력에서 시간의 개념을 알려주는 단원이라면 '유통기한이 오늘로부터 더 멀리 있는 것 고르기', '제조일이 오늘로부터 가까운 것 고르기' 등 날짜 표시를 보는 법을 학습에 응용할 수 있다. 이것이 바로 '실생활 학습'이고, 장보기에 필요한 숫자 학습이다.

또 한 가지 예시를 들어보자. 중증의 지적장애가 있는 초등 고학년 아이가 스몰 스텝으로 '글자 쓰기' 학습을 진행하고 있다. 초등학교를 졸업할 때까지 쌍자음, 받침까지 포함한 모든 모음과 자음을 쓸 수 있도록 장기 목표를 세워서 계속 지도할 것이다. 이런 경우에도 일상에서 자주 사용하는 본인의 이름이나 주소를 쓸 수 있도록 먼저 가르치는 것이 더 유용하다. 또한, 아이가 컴퓨터나 휴대전화를 자주 사용한다면 '글씨 쓰기'보다 '읽는 기술의 획득'을 먼저 목표로 하여 지도해야 한다. 장기적으로 봤을 때 방대한 학습 시간을 들여서 겨우 모음과 자음을 스스로 쓸 수 있게 되더라도 실생활에서 필요하지 않거나 아이가 거의 쓰지 않는다면 금방 잊어버릴 것이다.

사춘기 시기에는 아이 자신의 능력을 높이는 교육과 함께, 교육으로부터 얻은 기술을 활용해서 생활을 풍요롭게 하는 방법을 동시에 생각해야 한다. 그렇다면 Bottom-up 방식에서 Top-down 방식으로의 전환은 몇 살부터 해야 할까? 답은 '아이의 발달이나 장애의 특성에 맞춰서'다. 모든 아이에게 적용되는 명확한 전환의 경계는 없다. 아이의 연령과 능력에 따라 조금씩 전환하는 것이 바람직하다. 그리고 Bottom-up 방식만을 지향하거나 반대로 모든 것을 주변의 도움으로 해결하는 양극단의 상황은 피해야 한다. 목표 전환 시기를 대략이라도 표시한다면 지적장애를 동반하는 자폐 스펙트럼 아이의 경우라면 초등학교 3~4학년부터 실용성에 중점을 둔 과제의 비율을 의도적으로 늘리는 것이 좋다.

① 양육이나 교육 목표 바꾸기

　지적장애를 동반하지 않는 경우는 고등학교 진학 시기를 기준으로 한다. 지망하는 학교에서 어떤 기술을 요구하는지에 따라 달라지기 때문이다. 대학이나 전문학교에 진학해 특정 자격증을 얻으면 취직할 때 유리하겠지만, 대학이나 전문학교 진학을 위한 학습과 특정 직장에 소속되어 일하기 위한 학습은 전혀 다르다. 만약 대학이나 전문학교에 진학할 생각이라면 학업 기술을 늘리는 것을 우선해야 한다. 하지만 통학이나 기숙사, 아르바이트를 해서 생활하기 등의 상황까지 생각한다면 실생활에서 사용할 수 있는 여러 가지 실용적인 기술을 익히는 것도 필요하다.

[Bottom-up ➡ Top-down 전환 시기]

Bottom-up 방식에서 Top-down 방식으로의 전환은
아이의 발달이나 장애의 특성에 맞춰 천천히 하는 것이 바람직하다.

사춘기 양육의 필수 사항 3가지

② 자기통제의 힘 획득하기

　사춘기의 큰 발달과제는 '자립'이다. 자립하기 위해서는 먼저 '자기통제력'을 얻는 것이 중요하다. 여기서 말하는 자기통제는 자기의 행동이나 욕구, 감정을 스스로 제어하는 것을 의미한다. 예를 들어, 실패하는 상황에서 분노발작을 일으켰을 때 주변에서 어떻게든 토닥여 주는 패턴이 정착된 아이가 있다고 하자. 하지만 앞으로 만나게 될 모든 사람이 아이가 분노발작을 일으켰을 때 감정이 침착해지도록 배려할 수는 없다. 따라서 아이가 실패하더라도 혼란스러워하지 않고, 나아가 스스로 실패를 수습할 수 있는 행동을 취한다면 사회생활을 보다 수월하게 헤쳐나갈 것이다. 이런 상황에서 필요한 것이 바로 자기통제다.

실패하는 상황 또는 예상했던 대로 일이 진행되지 않는 상황을
이겨낼 수 있게 하는 것이 바로 자기통제의 힘이다.

② 자기통제의 힘 획득하기

'실패를 수습하는 행동'이라고 하면 어렵게 들린다. 하지만 무언가 잘못이나 실수를 했을 때 "죄송합니다"라고 사과하기, 실패했을 때 다른 사람에게 보고하고 어떻게 하면 좋을지 질문하기 등의 행동을 취할 수 있다면 앞으로 사회에서 어떻게든 살아갈 수 있다.

이처럼 다른 사람에게 사과하기 또는 질문하기와 같은 의사소통 기술도 넓은 의미에서는 자기통제와 관련된 기술 중 하나다. 여기서는 사춘기부터 성인기에 필요한 의사소통 기술로서 다루고 있다.

유년기부터 학령기 양육에서는 실패하지 않도록 하는 기술을 중점적으로 가르쳤을 것이다. 하지만 살다 보면 계속해서 새로운 과제가 밀려온다. 때때로 지금까지 경험하지 못했던 사태에 직면하기도 한다. 이런 모든 경우에 실패하지 않고 넘어가는 것은 불가능에 가깝다. 이렇게 실패하는 상황 또는 자신이 예상했던 대로 일이 진행되지 않는 상황을 이겨낼 수 있게 하는 것이 바로 자기통제의 힘이다.

자폐 스펙트럼 아이는 한 가지 방법을 배우고 기억하면 이후에는 그 방법만 고집하는 성향이 강하다. 이러한 유연성 또는 응용력 부족으로 문제해결 방법의 패턴을 바꾸지 못하는 성향은 앞으로 살아가는 데 어려움을 한층 더할 수밖에 없다.

청년기가 되면 앞으로 무엇이든 직업을 갖고 일하는 것을 목표로 삼을 것이다. 하지만 직장에서 자신이 고집한 방법으로 문제를 해결하려고 했다가 실패하여 주변으로부터 심한 압박을 받고 절망하는 경우가 적지 않다. 또한, 주변 사람들과 대화가 잘 통하지 않아서 모든 것을 스스로 해결해보려고 하다가 혼자서 이겨낼 수 없을 정도의 작업량을 껴안고 업무 과다로 이어지는 경우도 종종 있다.

이럴 때 주변에 어떻게 하면 좋을지 조언을 구하고 작업의 분담을 부탁할 수 있다면 비록 몇 번 실패하더라도 자기혐오에 빠지는 것을 방지할 수 있고, 업무 과다로 이어지지도 않는다. 즉, 다른 사람에게 부탁하고 질문하는 의사소통 기술은 곧 자기자신을 지키는 길이다. 이에 관해서는 60~67쪽(자기통제의 힘 키우기)에서 자세히 설명하고 있다.

사춘기 양육의 필수 사항 3가지

③ 부모 자식 관계 재정립하기

　아이가 사춘기를 맞을 무렵의 보호자는 대부분 40대일 것이다. 보호자에 따라서는 일을 다시 시작하거나 여행을 떠나는 등 조금이라도 숨을 돌리게 된다. 하지만 그럴 상황이 아닌 보호자는 '다들 육아에서 해방되어 좋아하는 것을 하는데 나는 평생 육아에서 해방되지 못하겠네'와 같이 더 괴로운 마음이 들지도 모른다. 동시에 '아이의 미래를 생각한다면 지금 더 열심히 가르쳐야 해!'라는 초조한 마음도 있을 것이다.

　또한 40대부터는 체력 저하를 실감하는 보호자도 늘어난다. 나아가 교육비나 주택 대출 등 경제적인 부담이 증가하고, 일에 대한 중압감, 부모의 병간호 등 새로운 문제가 생기는 경우도 많아져서 갈등이나 스트레스가 쌓이기 쉽다. 그 결과, 보호자 자신이 이상과 현실의 차이를 받아들이지 못하고 스트레스가 계속 쌓이다 보니 지시를 따르지 않고 반항하는 아이에 대해 감정적으로 반응하거나 실랑이를 벌이는 일도 자주 일어난다. 이것은 특수한 경우가 아니고 대부분의 가정에서 일어나는 일이다.

　아이의 사춘기는 아이만의 문제가 아니다. 보호자에게도 내면에서 일어나는 다양한 갈등과 인간관계를 확실하게 다져야 하는 시기다. 아이는 물론 보호자도 마음이나 신체 상태가 변하고 있으므로 부모자식 관계도 지금까지와 같을 수 없다.

③ 부모 자식 관계 재정립하기

　사춘기 아이는 자아를 확립하는 과정을 지나고 있는 시기여서, 보호자의 지시를 더 이상 군말 없이 따르지 않게 된다. 지금까지는 보호자가 아이에게 어떻게 해야 하는지 알려주고 그것을 아이가 따르는 것으로 해결되었던 방식이 더 이상 통하지 않는 것이다. 이 시기에 생기는 대화의 악순환은 보호자의 잘못도, 아이의 잘못도 아니다. 심지어 자폐 스펙트럼 장애를 갖고 있기 때문에 일어나는 일도 아니다.

　악순환을 깨기 위해서는 먼저 보호자가 자기자신의 행동을 냉정하게 바라봐야 한다. '이대로라면 우리 아이는 영영 자립할 수 없을지도 몰라'와 같이 지나친 걱정 때문에 '반드시 ○○해야만 해'라면서 아이에게 완벽함을 요구하고 있지는 않은지, 아이가 못 할 때 감정에 치우쳐서 꾸짖느라 '어떤 행동을 하면 안 되는지', '이럴 때 어떻게 하면 좋을지' 등의 중요한 포인트를 제대로 전달하지 못하는 것은 아닌지 되돌아봐야 한다.

　또한, 아이가 계속해서 곤란한 행동을 한다면 '행동이 일어나는 계기'와 '행동이 일어난 직후의 결과'를 꾸준히 기록해서 객관적으로 분석해야 한다. 기록하고 분석하면 곤란한 행동의 원인이 명확해지고 대책을 세우기 쉬워진다.

　예를 들어 휴대전화에 빠져서 상황과 장소를 고려하지 않고 바로 메시지를 확인하고 답장하려는 아이가 있다고 하자. 그러한 행동을 보일 때 무조건 꾸짖기보다 '식사 중에는 자신의 방에 휴대전화를 두고 오기'와 같은 규칙을 만든다면 식사할 때 휴대전화를 보고 답장하는 행동을 감소시킬 수 있을 것이다.

　하지만 사춘기 아이는 자신의 행동을 스스로 결정하고 싶어한다. '자신의 행동을 스스로 결정하는 힘'이 사춘기부터 청년기에 걸쳐 자라난다. 따라서 규칙을 정할 때는 가능한 한 아이와 함께 만들어야 한다. 그리고 대화할 때 무엇이 문제인지 아이에게 명확하게 전달해야 한다. '이 문제를 해결하기 위해서는 어떻게 하면 좋을까?'에 대한 아이디어 역시 아이와 함께 생각한다. 그런 뒤에 나온 아이디어를 평가하고 서로 납득할 수 있는 해결법을 찾는다. 아이와 부모가 받아들일 수 있는 최선의 대안이 없는 경우에는 각자 협력안을 제안한 후 작성하는 것도 좋은 대응책이다.

사춘기 양육의 필수 사항 3가지

서로가 납득할 수 있는 해결법을 발견하면 실제 실행에 옮겼을 때의 감독 방법을 정한다. 수행 여부를 감독하는 인물과 감독하는 방법, 해결법을 지켰을 경우의 보상과 지키지 못했을 경우의 페널티를 정한다. 이 경우 ABA에서는 '행동계약서'를 작성한다고 한다.

지적장애를 동반한 아이라면 아이에게 규칙을 선택하도록 하는 것도 좋다. 이 경우 그림으로 그려서 선택할 수 있게 한다. 예를 들어 "식사 시간 알람이 울리기 전에 손을 씻으면 토큰 스티커를 3개 받을 수 있다"라는 규칙이라면 그림을 3개로 나눠 그려서 화살표로 순서를 나열한다. 이때 받을 수 있는 스티커의 갯수나 스티커를 모아서 교환할 수 있는 물건, 알람이 울리는 시간이나 방법은 아이가 선택하도록 한다.

"식사 시간 알람이 울리기 전에 손을 씻으면 토큰 스티커를 3개 받을 수 있다"
규칙을 세웠다면 그림을 각각 나눠서 그린 후에 화살표로 순서를 알려준다.

③ 부모 자식 관계 재정립하기

이와 같은 순서로 진행하면 아이의 의사나 선택을 바탕으로 규칙을 정하기 때문에 문제가 되었던 행동에 대해 합리적인 해결책을 찾을 수 있다. 특히 대화하는 중에 악순환에 빠지는 것을 방지하기 위해서는 보호자가 아이를 비판하거나 비아냥거리지 않도록 조심해야 한다. 중요한 것은 아이가 대화에 따라오는 자체를 긍정적으로 평가해주면서도 냉정한 태도를 유지해야 한다는 점이다. 이러한 행동계약에 대한 설명은 62~63쪽(② 아이와 행동계약서를 작성한다)을 참고한다.

보호자는 아이의 사춘기를 맞아 새로운 부모자식 관계를 만들기 위해 연구함과 동시에 여러 가지 갈등이나 자신의 체력 저하 등의 문제와 마주해야 한다. 많은 보호자가 이와 같은 어려움에 대해 상당한 스트레스를 받고 있다. 괴로운 시기를 잘 극복하기 위해서는 보호자 스스로도 악순환에 빠지기 쉬운 시기임을 자각하고, 누가 잘못했는지 따지거나 스트레스의 화살을 누군가에게 돌리지 않도록 해야 한다.

또한, 보호자 스스로 스트레스를 발산하는 방법을 익히는 것도 중요하다. 무엇이든 상관없다. 친구와 함께 쇼핑을 하거나 몰두할 수 있는 취미를 만들거나 부족한 잠을 자는 등 무엇이든 좋다. 아이의 내면을 신경써야만 하는 시기지만 보호자 자신의 스트레스 관리도 필요하다는 것을 자각하고, 지쳤다고 생각될 때는 자신을 위한 시간을 확보해야 한다. 보호자가 쉬거나 여가시간을 갖는다고 해서 죄책감을 가질 필요는 전혀 없다.

현재의 고민을 있는 그대로 말할 수 있고 상황을 이해하는 것은 역시 같은 처지의 자폐 스펙트럼 아이의 보호자일 것이다. 만약 같은 처지의 보호자를 만나지 못했다면 지역의 발달장애인지원센터 혹은 자폐인협회 등에 문의하여 부모모임을 찾아보는 것을 권한다. 하지만 자폐 스펙트럼 장애라도 한 명 한 명의 특성이 다 다르며 같은 장애라고 해도 주변의 아이와 내 아이를 비교하는 것 자체가 괴로울 수 있다. 일절 비교하지 않는 것은 어렵겠지만 주변과 비교해서는 아무런 도움도 되지 않는다는 것을 명심하고, 같은 상황에 놓인 보호자들과 좋은 관계를 쌓아갈 수 있기를 바란다.

CHAPTER 2

사춘기에는
어떻게
교육해야 할까?

...

타깃 행동을 선택할 때 앞으로의 자립에 필요한 것뿐만 아니라
아이가 인생의 즐거움을 실현시키기 위해
필요한 것이 무엇인가를 생각한다.

CHAPTER 2
사춘기에는 어떻게 교육해야 할까?

양육의 최종 목표는 '자립'

ABA와 ABC 분석

이 책에서는 자폐 스펙트럼 아동의 보호자가 아이의 최종 목표인 자립을 위해 사춘기부터 성인이 되기까지 가정에서 대응할 수 있는 ABA 프로그램을 다루고 있다. ABA에서 '행동'은 그것을 일으키는 '계기'와 그 행동 뒤에 따라 오는 '결과'로 분석한다. 여기서 '행동(Behavior)'은 그 계기가 되는 '선행사건(Antecedent)'과 행동의 '결과(Consequence)'라고 하는 3가지 요소를 세트로 생각하기 때문에 앞글자를 따서 'ABC 분석'이라고도 한다.

아이의 행동을 개선하고 싶다면, 우선 그 행동을 보이기 전의 '선행사건'과 그 행동을 보인 후 따라오는 '결과'를 관찰한다.

행동을 변화시키는 'ABC 분석'

ABA를 단순히 조기 양육이나 특별지원 교육에서 사용되는 하나의 기법이라고 착각하는 일이 많다. 하지만 그렇지 않다. 획득시키고 싶은 행동을 정하고 그 행동을 쉽게 수행할 수 있도록 환경이나 접근 방법을 조정하고, 나아가 그 행동을 수행하게 만드는 '동기 부여도'를 높이기 위해 행동 이후의 '결과'에 대해 연구하는 일련의 과정은 사춘기 또는 그 이후의 양육의 지원에도 유효하게 작용한다.

또한, 개선하고 싶은 행동이 있는 경우 그 행동을 보이기 전의 '선행사건'과 그 행동을 보인 후 따라오는 '결과'를 관찰한다. 이 두 가지를 바꿔봄으로써 행동 자체를 변화시키는 기능행동분석도 문제행동을 해결하는 데 큰 도움이 된다.

[행동을 변화시키는 'ABC 분석']

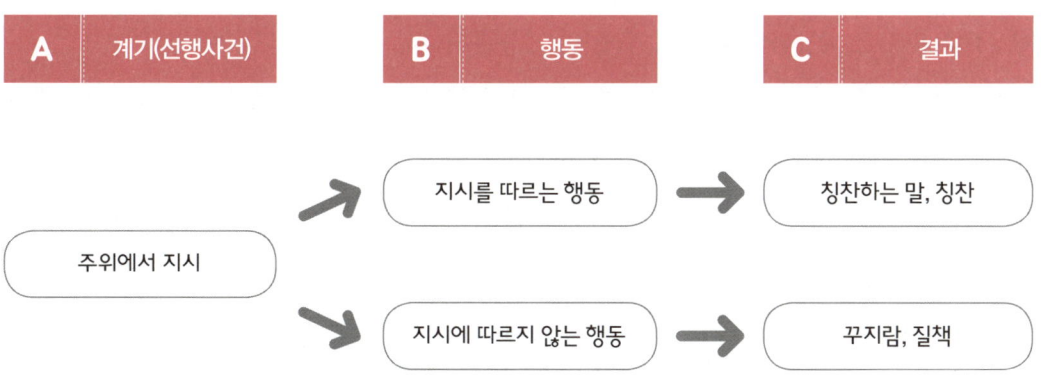

ABA 프로그램에서 '행동'은 그것을 일으키는 '계기'와 그 행동 뒤에 따라 오는 '결과'로 분석한다. 여기서 '행동(Behavior)'과 그 계기가 되는 '선행사건(Antecedent)' 그리고 행동의 '결과(Consequence)'의 앞글자를 따서 'ABC 분석'이라고도 한다.

'과제 분석'의 중요성

앞의 표는 유아기의 아이가 지시를 따르는 행동에 대한 ABC 분석이다.

아이의 '지시를 따르는 행동(B)'은 '보호자의 지시'라고 하는 선행사건(A)에 의해 생기며 '칭찬'과 같은 결과(C)에 의해 강화된다.

유아기에는 "○○하세요"와 같은 보호자의 구체적인 지시가 아이의 적절한 행동을 끌어올리는 '선행사건'으로서 큰 의미가 있다. 반면 '지시에 따르지 않는 행동'은 '질책' 등의 혐오적인 결과를 불러일으키기 때문에 행동이 약화된다.

사춘기에는 이렇게 '선행사건'이 되는 어른 또는 주변으로부터의 지시가 기능하지 않게 된다. 당연히 칭찬이나 질책 등 '결과'의 효과도 변한다. "대견하네", "대단해" 등 유아기에는 효과적이었던 칭찬이 사춘기에는 효과를 잃을 뿐만 아니라 오히려 혐오적으로 작용하여 혐오제(행동을 약하게 하거나 빈도를 줄어들게 하는 작용이 되는 활동이나 물건) 기능을 하기도 한다.

따라서 아이의 연령에 맞춰 점차 "○○하세요"와 같은 지시는 줄이고 "○○를 도와주면 좋겠어"라고 말하거나 "잘했네"를 "고마워"와 같은 감사의 말로 바꿀 필요가 있다. 판에 박힌 칭찬을 고집할 필요는 없다. 아이에게 강화제(행동을 강하게 하거나 빈도를 늘리는 작용이 되는 활동이나 물건)로 기능한다면 '감사의 말'로도 충분하다.

사춘기 양육은 과제 분석이 중요하다. 과제 분석이란 복잡한 행동을 연속적이고 구체적인 행동으로 나눠서 생각하는 응용행동분석의 분석 방법 중 하나다. 예를 들어 '장보기' 행동이라면 '계산대에 줄서기', '상품을 점원에게 건네기', '지갑에서 돈 꺼내기'와 같은 몇 가지의 세세한 행동으로 나눌 수 있다.

이렇게 과제 분석을 함으로써 아이가 장을 볼 때 어떤 단계에서 막히는지 명확하게 파악할 수 있고, 어떤 단계를 도와주면 스스로 장을 볼 수 있는지 알기 쉬워진다. 또한 과제 분석을 이해하기 쉬운 형태로 사용 방법을 만들면 활용하기가 더 유용하다('사용 방법' 만들기 : 124~125쪽 '칼럼 : 사용 방법을 활용하기 쉬운 형태로 만든다' 참조).

ABA 양육의 핵심 4가지

다음은 사춘기 아이를 대상으로 하는 ABA 양육의 핵심 4가지다. 첫째 타깃 행동 고르기, 둘째 강화하기, 셋째 성취 기준 세우기, 넷째 과제목록 작성하기 등이다.

① 타깃 행동 고르기

타깃 행동이란 아이가 수행하기를 바라고 습득하게 하고 싶은 행동이다. '과제'라고 말하기도 한다. 유아기부터 학령기의 양육에서는 아이의 능력을 끌어올리는 것을 주된 목표로 생각하고, 알려주고 싶은 타깃 행동을 선택했을 것이다. 하지만 사춘기 양육에서는 아이의 인생에 도움이 되는 긍정적인 행동의 비율을 높여가야 한다.

즉, 타깃 행동을 선택할 때 '앞으로의 자립에 필요'한 것뿐만 아니라 '아이가 인생의 즐거움을 실현시키기 위해 필요'한 것이 무엇인가를 생각해야 한다. 예를 들어 '카페에서 맛있는 케이크를 먹고 싶다', '만화카페에 가고 싶다'를 원하던 아이가 보호자 도움 없이 혼자 갈 수 있게 된다면 그런 경험을 통해 즐거움에 도전하는 기회는 훨씬 늘어날 것이다.

이때 보호자의 시점에서 앞으로 필요한 기술을 선택해서 가르치는 것이 아니라, 먼저 아이가 좋아하는 장소를 적고 '그곳에 가기 위한' 이동 수단으로써 도보로 가는 법, 대중교통 이용하는 법 등을 가르쳐야 한다. 이렇게 접근하면 지적장애를 동반한 아이라도 '왜 이것을 배워야 할까', '배우면 어떤 좋은 일이 생길까' 등의 의문을 이해하고 납득할 수 있어서 과제에 집중할 수 있다.

그리고 선택된 타깃 행동은 여가활동의 측면도 갖고 있다. 우리는 당연하게 행동해서 자각하기 힘들겠지만, 좋아하는 장소에 가거나 쇼핑을 하거나 책을 읽거나 좋아하는 방송 프로그램을 보는 등 매일 기대되는 행동을 수행하는 것을 통해 우리는 정신적 안정감을 얻는다. 만약 매일 집안일만 하거나 먹고 자는 등의 지루한 생활만 반복된다면 스트레스가 쌓여서 자신도 모르게 주변 사람에게 화풀이를 할 것이다.

ABA 양육의 핵심 4가지

자폐 스펙트럼 아이도 똑같다. 문제행동을 줄이는 것만이 아닌 더 좋은 인생을 살 수 있도록 아이가 진심으로 즐길 수 있는 여가활동을 해야 한다. 흥미의 대상이 한쪽으로 치우치기 쉬운 자폐 스펙트럼 아이에게 생활의 즐거움이 되는 활동을 적절하게 체험시키고 알려주는 것은 사춘기에 아주 중요한 과제다. 물론 앞으로 자립해서 생활하기 위해서는 금전관리나 단정한 몸가짐 등의 실용적인 기술 획득도 중요하다.

이처럼 자립이라는 큰 목표를 이루기 위해 필요한 여러 과제 중에 아이가 즐거움을 얻을 수 있는 과제 비율을 높여야 하는 이유를 알아보았다.

② 강화하기

행동 이후에 좋아하는 활동이나 물건(강화제)을 얻을 수 있는 것처럼 좋은 일이 일어나면 그 행동을 하는 강도와 빈도가 증가한다. 이를 '강화'라고 부르며 ABA에서 아주 중요한 개념이다.

유아기, 학령기 양육에서는 아이가 타깃 행동을 수행하면 좋아하는 활동이나 물건(강화제)을 얻을 수 있도록 하여 타깃 행동이 일어나기 쉽게 하였다. 하지만 사춘기 양육에서는 타깃 행동 그 자체가 아이에게 강화제가 되는 과제를 늘려가야 한다.

예를 들어 단정한 몸가짐을 하는 것이 과제라고 하자.

처음에는 과제를 끝낸 뒤에 따라오는 스티커나 간식을 강화제로 하여 가르친다. 하지만 결국에는 몸가짐을 바르게 했을 때 따라오는 외출 행동 자체가 강화제가 되기 때문에 기존의 스티커나 간식 같은 강화제는 필요 없게 된다. 이것은 돈 관리나 대중교통을 이용하는 과제에서도 마찬가지다.

활동 그 자체가 강화제가 되기 위해서는 먼저 앞에서 언급한 여가 지원이 필요하다. 가고 싶은 장소 또는 기대하는 활동, 가질 수 있는 물건이 없다면 이동 수단의 기술을 가르쳐주고 싶어도 일상생활에서 실행하지 못할 수 있다. 따라서 욕구 실현 자체가 강화되어야 타깃 행동이 자리잡히게 된다.

ABA 양육의 핵심 4가지

하지만 같은 타깃 행동이어도 아이에게 행동 자체가 강화제가 되는 경우와 그렇지 못한 경우가 있다.

예를 들어 '장보기'와 같은 기술이라면, 기술 자체보다는 좋아하는 간식을 사는 활동이 강화제로 기능할 수 있다. 이에 반해 심부름으로서의 장보기 기술을 가르치는 경우, 장을 봐야 하는 물건을 정하는 주체는 아이가 아닌 보호자다. 즉, 심부름할 때 장보기는 원하는 물건을 얻는 대상이 아이 자신이 아닌 것이다. 아이가 좋아하는 물건을 살 때는 그 행동에 굳이 강화제를 설정할 필요가 없다. 하지만 같은 생활기술이라도 보호자가 원하는 장보기는 더 어려울 수밖에 없다. 이때는 "네가 좋아하는 과자(장보기의 강화제)를 하나 사도 좋아"라고 강화제를 약속하는 것도 한 방법이다.

특정 행동 이후에 좋아하는 활동이나 물건을 얻을 수 있으면 그 행동을 더 자주 하게 된다.
맛있는 음식을 좋아하는 아이에게는 스스로 조리해서 먹는 것 자체가 '강화제' 역할을 한다.

ABA 양육의 핵심 4가지

③ 성취 기준 세우기

성취 기준이란 '여기까지 한다면 타깃 행동을 획득했다'라는 판단 기준을 말한다.

유아기, 학령기에는 '할 수 있다'의 기준을 명확하게 정하고 그 기준에 도달하면 '할 수 있다', 달성하지 못하면 '할 수 없다'라고 하며 하나의 과제를 성취시키는 데 몰두했다.

예를 들어 10개의 단어를 반복적으로 연습하여 '10개의 단어 중 8개 단어 이상을 연속적으로 3회 이상 맞추면 이 페이지를 달성했다고 생각하고 다음 페이지로 넘어간다'라는 식이다. 이렇게 책상 위에서 수행하는 과제는 성취 기준을 명확하게 정할 수 있다.

하지만 사춘기에 타깃 행동이 되는 대부분의 기술은 실제 일상생활에서 사용하는 것이다. 일상생활에서는 '신호가 있는 교차로에서 건너기'와 같이 절대 실패해서는 안 되는 기술부터 '버스 타고 이동하기'와 같이 운행이 연착되거나 버스를 놓치는 등 상황이 생각대로 흘러가지 않을 때 유연하게 대응해야 하는 기술까지 매우 다양하다.

따라서 거듭 강조하지만, '버스 타고 이동하기' 연습일 경우 시행 횟수를 반복하면서 기준에 도달하는 것보다 실패했을 때 혹은 생각대로 되지 않았을 때 어떻게 해야 하는지를 가르치는 것이 훨씬 중요하다. 버스로 이동할 때는 언제든지 버스를 놓치거나 버스를 잘못 타는 상황이 생길 수 있다. 이럴 때 당황하지 않고 대응하는 기술을 가르쳐야 한다. 구체적으로는 휴대전화로 전화해 보호자에게 물어보기, 운전기사나 탑승자에게 물어보기와 같이 유연하게 대응할 수 있는 것이 목표가 된다(실패했을 때 대응하는 방법은 38~39쪽 '② 자기통제의 힘 획득하기' 참고).

또한, 사춘기에 익혀야 하는 기술들을 과제 분석해보면 대부분 하나의 타깃 행동 안에서도 꼭 익혀야 하는 요소와 할 수 없더라도 어떻게든 되는 요소가 섞여 있다.

예를 들어 '레스토랑에서 식사하기' 또는 '장보기' 기술 과제에서 중요한 요소는 '음식 선택하기'와 '계산대로 가기'다. 계산대를 거치지 않고 가게 밖으로 나가면 오해를 받는다. 이에 반해 레스토랑에서 '음식값을 지불한다'는 점원의 도움을 기대할 수 있으므로 이 부분은 일상생활에서 50퍼센트만 할 수 있어도 특별히 곤란하지는 않을 것이다. 따라서 학교에

ABA 양육의 핵심 4가지

서는 '정확한 계산과 지불하기'를 중점적으로 지도할지 모르지만, 실제 상황에서 이렇듯 중점을 둬야 하는 요소가 다를 수 있다.

④ 과제목록 작성하기

이 책에서는 사춘기에 획득해야 하는 행동 중 중요한 것을 골라서 목록으로 만들고 그것을 가르치는 방법을 설명한다. 하지만 양육에 실제 적용할 때는 대상이 되는 아이의 생활 스타일에 따라 과제목록을 다르게 시도해야 한다.

'김밥 가게에 간다'라는 최종 목표를 위해서 김밥 가게까지의 이동 기술을 배운다고 가정하고, 이 기술의 과제 분석을 해보자.

자동차의 왕래가 적은 지역에 사는 아이는 '자전거로 가기'와 같은 간단한 수단이 있을 것이다. 대중교통을 이용해야 한다면 '시계나 시간표 보기', '시간에 맞춰 버스정류장에 가기'가 필요하다. 대도시에 사는 아이는 대중교통을 이용할 때 '목적지 또는 집의 변별'과 '지하철 당황하지 않고 이용하기' 등, 동일한 기술이라도 과제 분석의 내용이 달라진다.

이처럼 아이의 능력뿐만 아니라 성향과 기호, 사는 장소, 이용할 수 있는 자원 등의 환경이 다르므로 과제목록의 내용이 바뀔 수밖에 없다.

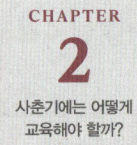

생활자립기술 습득의 실제 사례

ABA로 기술 습득한 실제 사례 3가지

사춘기에는 자립을 목표로 과제를 전환해야 한다고 설명하였다. 하지만 실제 양육을 할 때 보호자가 이를 실현하는 것은 간단하지 않다. 아이에게 어디까지 시켜야 할지, 어떻게 주변의 지원을 받아야 할지 등 여러 방면에서 혼란이 생길 것이다.

필자가 지원했던 자폐 스펙트럼 장애가 있는 사춘기부터 청년기의 실제 사례를 소개한다. 아이가 가진 능력을 살리고 주변의 도움을 받아서 목표를 성취하는 방법의 예시로서 자녀에게 적용할 때 참고가 되길 바란다.

사춘기에는 자립을 목표로 하고, 이에 맞춰 과제를 전환해야 한다.
하지만 목표 달성을 위해 실생활에서 실현하는 것이 간단하지 않다.

실제 사례 ① 음식 주문하기

실제 사례 ① 음식 주문하기

필자가 학생 시절 가정교사로 만났던 중증 지적장애를 동반한 자폐 스펙트럼 남자아이의 사례다. 토요일에 보호자가 일을 나가기 때문에 아이가 점심식사를 스스로 구입할 수 있도록 가르쳐야 했다. 먼저 그 아이가 지금 할 수 있는 것이 무엇인지 관찰했다.

- 자전거를 타고 분식점에 갈 수 있다
- "김밥 한 줄 주세요"라고 주문할 수 있다

다만, 주문까지는 무사히 마쳤지만 주문한 뒤 김밥이 나올 때까지의 약 5분 정도를 차분히 기다리지 못했고 가게의 주방에 들어가는 문제행동이 보였다. 이런 경우에는 기다리는 시간을 없애면 이 행동이 일어나지 않을 수 있다. 그래서 '먼저 전화로 주문한 뒤에 분식점에 김밥을 가지러 가기'로 타깃 행동을 바꿔서 시도했다. 하지만 실제로 해봤더니 분식점에서 전화를 받기 전에 아이가 일방적으로 주문을 말해버렸다.

전화로 자주 주문하는 것을 가르칠 때는 먼저 전화 거는 순서를 알려준 뒤
말해야 할 것을 종이에 적어서 전화기 옆의 벽에 붙여놓는다.

ABA로 기술 습득한 실제 사례 3가지

그래서 전화를 걸기 전에 말해야 할 것을 적은 종이를 벽에 붙여놓았고, 전화 거는 순서와 방법을 가르쳤다. 분식점 가게에 전하는 내용은 "○○동 ○○이라고 합니다. ○○김밥 한 줄 주세요. 지금 가지러 갑니다"였다.

이 방법도 순조롭지 못했다. 그 아이는 상대의 타이밍에 맞춰서 여러 문장을 읽는 것을 못 했다. 고민 끝에 필자는 그 분식점의 점원에게 주문 전화할 때 어떤 것을 말해야 하는지를 물어봤다. 그러자 점원은 "그 아이가 자주 오는 것을 알고 있으니 전화로 이름을 말할 필요는 없다. '김밥 한 줄'만으로도 충분하다"라고 했다. 김밥의 종류와 개수만 말한다면 아이가 문제없이 주문할 수 있으므로 '전화로 먼저 김밥을 주문하기'의 타깃 행동을 성취시킬 수 있었다. 이렇게 해서 처음 최종 목표였던 '김밥 스스로 사기' 행동을 수행할 수 있게 되었다. 아이가 가진 기술을 살리면서 주변의 도움을 빌릴 수 있을지를 확인하고 연구한 결과, 목표를 순조롭게 달성한 사례다.

가게 점원이 아이를 잘 알고 있다면 전화로 이름을 말할 필요 없이
원하는 메뉴, 즉 '김밥 한 줄'이라고 말해도 충분하다.

실제 사례 ② 버스 타기

실제 사례 ② 버스 타기

다음은 지적장애를 동반한 자폐 스펙트럼이 있는 A군의 '버스 타기' 훈련 사례다. A군이 이용하는 버스 노선은 승차할 때 교통카드를 단말기에 찍고 버스 타는 거리가 길어질수록 요금이 늘어난다. 그래서 하차할 때는 교통카드를 다시 단말기에 찍고 내려야 한다.

이런 시스템에서 '자기가 내려야 하는 버스정류장이 가까워지면 미리 정차 버튼을 누르고, 단말기에 교통카드를 찍고 하차한다'를 모두 수행하는 것이 A군에게 꽤 어려운 과제였다. 실제로 관찰해보니 차질이 생기는 점이 몇 가지 눈에 띄었다.

자기가 내려야 할 장소에 가까워지면 정차 버튼을 눌러서 하차 의사를 알려야 한다. 하지만 버스에서 경치를 보는 것이 즐거웠는지 목적지가 가까워져도 정차 버튼을 누르지 않아 목적지를 지나쳐버렸다. 내리기 전에 단말기에 교통카드를 찍지 않는 상황이 발생하기도 했다. 하차하기 전 지갑에서 교통카드를 미리 꺼내 준비하고, 단말기에 교통카드를 찍은 뒤에 다시 교통카드를 지갑에 넣고 잠그거나 닫는 일련의 행동도 순조롭지 않았다.

과제 하나하나 시간을 들여서 훈련하고 극복하려면 많은 시간이 걸릴 것이다. 그래서 버스회사에 자폐 스펙트럼을 가진 사람이 혼자서 버스를 이용할 때 어디까지 도움을 받을 수 있는지를 문의했다. 버스회사에서는 "단말기에 교통카드를 찍어주세요. 목적지를 알려준다면 운전기사가 하차 장소에서 멈추고 안내하여 하차 방법을 도와주겠습니다"라는 답변이 왔다.

이렇게 버스회사의 협조를 받은 결과, 운전기사에게 목적지를 적은 카드를 보여주고 승차할 때 단말기에 교통카드를 찍는 것만으로도 '스스로 버스에 탄다'라는 타깃 행동을 달성할 수 있었다. 또한 교통카드를 넣은 지갑을 목걸이처럼 걸고 다니는 것도 하나의 해결 방법이 되었다.

이처럼 과제 분석을 통해 타깃 행동 안에서 꼭 익혀야 하는 부분과 할 수 없더라도 주변의 도움을 빌리는 부분을 명확히 구분한다면 타깃 행동을 수월하게 익힐 수 있다.

ABA로 기술 습득한 실제 사례 3가지

앞의 두 가지 사례에서 알 수 있듯이 일반 아이나 어른이 하는 방법과 순서를 모두 똑같이 수행하도록 가르칠 필요는 없다. 아이가 사는 지역의 자원(주변 사람들의 도움)을 얼마나 활용할 수 있는지 확인한다면 보다 짧은 시간 안에 목표를 이룰 수 있는 경우가 많다.

사춘기 양육은 아이를 둘러싼 환경을 살펴보고 주변과 타협해서 과제 목표를 전환시키는 것이 필요하다. 물론 주변에서 모든 단계를 도와줄 수는 없다. 무엇보다 아이가 지금 할 수 있는 기술부터 사용해서 목표를 달성하는 것이 중요하다.

버스 승차 시 운전기사에게 목적지를 적은 카드를 보여주고, 목에 건 교통카드를
단말기에 찍는 것만으로도 '스스로 버스에 탄다'라는 타깃 행동을 달성할 수 있다.

실제 사례 ③ 가게에서 일하기

실제 사례 ③ 가게에서 일하기

다음은 직장에서 주변 사람의 협력을 받으면서 일하는 사례다. 라면 가게에서 일하게 된 지적장애를 동반한 자폐 스펙트럼 장애가 있는 B군을 지원했을 때의 일이다. B군은 1부터 10까지의 숫자를 들으면 적절한 숫자를 가리킬 수 있었다. 예를 들어 "일"이라고 하면 숫자 1을, "오"라고 말하면 숫자 5를 가리켰다. 이 기술을 라면 가게에서 작업기술로 이용하였다. 그는 가게를 방문한 손님에게 제공할 물을 준비하는 작업을 담당했다. 작업을 자연스럽게 해내기 위해서 촉구로 컵을 올려놓는 시트를 미리 준비했다. 시트에는 컵을 올려놓는 장소가 그려져 있고, 그 동그라미 안에는 1부터 10까지 숫자를 적었다. 손님이 방문하면 점장은 필요한 물컵의 개수를 전달한다. 점장이 "삼"이라고 말하면 그는 시트에 있는 '1', '2', '3'과 같은 숫자가 적힌 동그라미 위에 컵을 올려놓고 순서대로 물을 따르면 된다. 이렇게 준비한 물을 카운터로 내보내면 다른 직원이 손님들에게 서빙한다. 컵을 필요한 개수만큼 놓는 시트는 B군이 일을 하기 위해 꼭 필요한 물건이어서 치우지 않고 계속 사용했다. 이처럼 아이가 가진 능력을 최대한 살리는 환경을 연구해서 실제 생활에 사용하도록 지원했다.

손님이 방문하면 점장이 필요한 물컵의 개수를 말하고
숫자가 적힌 시트에 위에 컵을 올려놓은 뒤 순서대로 물을 따른다.

CHAPTER 2 자기통제의 힘 키우기

사춘기에는 어떻게 교육해야 할까?

자기통제의 힘 키우는 과제 4가지

다음은 자기통제의 힘을 키우는 4가지 과제다. 첫째, 강화받지 않아도 기다린다. 둘째, 아이와 행동계약서를 작성한다. 셋째, 스스로 자신의 스케줄을 관리한다. 넷째, 실패했을 때 스스로 수정한다 등이다.

① 강화받지 않아도 기다린다

유아기, 학령기에는 수행하면 바로 강화제를 주는 경우가 많았다. 특히 ABA 교육을 막 시작했을 무렵에는 행동 직후에 강화하는 것이 중요했다. 하지만 사춘기에는 과제 자체가 강화제가 될 수 있도록 하고, 토큰경제 등의 2차적인 강화로 이행하는 것이 중요하다.

토큰경제는 바람직한 행동 직후에 토큰 스티커를 주고, 정한 개수만큼 스티커를 모으면 아이가 좋아하는 활동이나 물건으로 교환하는 방식이다. 이 토큰경제를 도입하면 게임이나 외식 등 강화제를 매우 다양하게 활용할 수 있다. 또한, 하지 않아야 할 행동을 했을 때 사전에 정한 규칙에 따라 스티커를 회수하는 방법(반응 대가)으로도 사용할 수 있다.

자기통제의 힘을 기를 수 있는 것도 토큰경제의 장점이다. 토큰경제에서는 스티커를 하나 둘씩 모아가는 것을 시각적으로 볼 수 있다. 이는 '앞으로 강화제를 얻을 거라고 예상하고 기다리기' 행동을 눈에 보이도록 지원한다.

예를 들어 게임 소프트웨어가 갖고 싶은 아이가 있다고 하자. 자기통제가 안 되는 상황이라면 장난감 판매코너에서 게임 소프트웨어를 보면 갖고 싶어하고, 바람이 이루어지지 않는다면 발작(탠트럼)을 일으키는 상황이 일어날 것이다. 하지만 토큰경제를 도입하고 있다면 '저 게임을 사기 위해서 앞으로 이만큼 힘내자'와 같이 가까운 미래에 강화제를 얻을 것을 예상하고 '기다리기' 행동을 할 수 있게 된다. 아이는 스티커를 모아가며 조금씩 원하는 게

① 강화받지 않아도 기다린다

임 소프트웨어에 가까워지는 것을 시각적으로 확인할 수 있기 때문에 참고 기다릴 수 있다.

이처럼 바로 강화받지 않아도 '기다리기'와 '앞으로 일어날 좋은 일을 예상하고 지금 노력하기' 행동을 선택하는 것이 자기통제의 힘을 기르는 제1단계다.

앞으로 아이가 한 사람의 소비자로서 생활하기 위해서도 토큰경제를 이해하는 것이 아주 중요하다. 일을 하고, 수입을 얻고, 그것을 모아서 원하는 물건을 사는 행동은 토큰 스티커를 모아서 좋아하는 물건과 교환하는 토큰경제와 같은 방법이기 때문이다. 토큰경제를 이용하면 향후 취업했을 때 급여의 구조를 이해하기 쉬워지는 장점도 있다.

[토큰경제의 예시(여수엑스포 가기)]

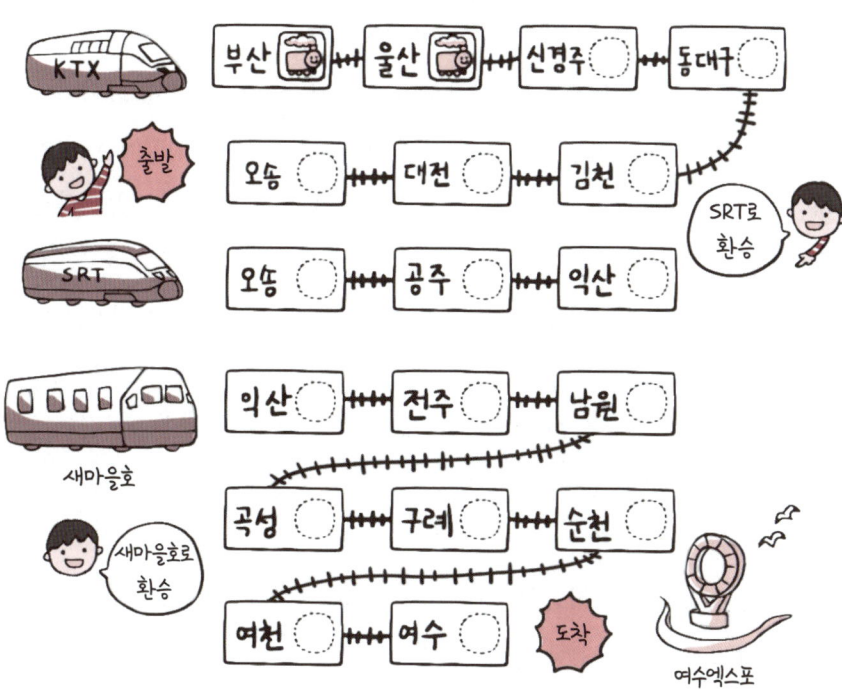

위의 토큰경제 예시는 스티커를 모아가는 것을 시각적으로 볼 수 있게 만든 것이다.
과제가 '여수엑스포에 가기'라면 스티커를 받을 때마다 지역에 토큰 스티커를 붙인다.

자기통제의 힘 키우는 과제 4가지

② 아이와 행동계약서를 작성한다

사춘기는 자신의 행동을 스스로 결정하고 싶어지는 시기다. 따라서 보호자가 말하는 일방적인 약속에 대해 저항을 느끼거나 '약속'이라는 말을 듣는 것만으로 거부 반응을 보이는 경우도 많다. 약속을 지킨다는 것은 사회인으로서 중요한 기술이지만 결정한 것을 실제로 지키게 하는 것은 어렵다. 이런 경우는 보호자와 아이가 함께 참여해서 '행동계약'을 체결하는 것부터 시작한다. 먼저 아이가 해야 하는 행동 또는 지켜야 하는 목표를 구체적으로 정한다. '규칙적인 생활하기' 같은 말은 아이가 이해하기 어렵다. '게임을 10시에 끝내고 게임기는 엄마에게 준다'와 같이 구체적으로 작성해야 한다.

그다음 '왜 이 규칙이 필요한가'를 아이가 이해하도록 차분히 설명한다. 상황에 따라 그림이나 사진을 활용해 시각적으로 보여줘도 좋다.

게임을 예로 들면 "너는 밤 11시에는 자야 해. 그렇지 않으면 아침 6시에 일어날 수 없어. 6시에 일어나지 않으면 지각하게 되고, 지각하면 학교에 갈 수 없단다. 그러니까 11시에는 자야 해. 11시에 자기 위해서 게임은 10시까지만 해야 해"와 같은 설명이다. 이처럼 사춘기 아이에게 대응할 때 가장 중요한 것이 아이 스스로 이해하고 납득할 수 있는 과정이다.

그리고 행동계약을 확실하게 실행하기 위해 계약 기간을 설정한다. 예를 들어 매일 형제와 싸우는 아이에게 '동생 때리지 않기'를 약속해도 이 약속을 계속 지키기는 어려울 것이다. 그렇다고 해서 약속을 지키는 기간이 단 하루인 것도 안 된다. 이런 경우에는 스몰 스텝으로 짧은 기간의 약속부터 시작한다. 기간을 짧게 하면 약속을 지키기가 쉬워지므로 성공하는 체험도 얻기 쉽다. 처음에는 3일간의 행동계약을 진행한다. 3일 후 계약 종료 시점이 되면 약속된 강화제를 받고, 지난 3일을 돌이켜보며 다시 한번 같은 기간 동안 행동계약을 진행할지 일주일로 연장할지를 정한다. 이런 식으로 할 수 있는 기간을 서서히 늘려가고 궁극적으로는 행동계약 없이도 수행하도록 이끈다.

행동계약을 세울 때는 가능한 한 아이가 아이디어를 내도록 돕는다. 아이가 낸 아이디어가 보호자로서는 생각해봐야 하는 내용이더라도 바로 부정하지 말고 아이의 제안을 끝까

② 아이와 행동계약서를 작성한다

지 제대로 들어준다. 아이가 목표를 달성할 수 없을 수준이거나 거부하는 경우에는 타협을 해도 괜찮다. 하지만 모든 내용을 양보하지 않도록 주의한다.

지켜야 하는 목표가 정해졌다면 종이에 적는다. 그 아래에 '언제', '누가', '어디서' 목표행동을 실행해야 하는지, 적절하게 수행했는지, 그것을 확인하는 사람은 누구인지를 작성한다. 목표를 지켰을 때 받는 토큰 스티커와 교환할 수 있는 보상을 작성한다. 토큰 스티커 또는 보상을 정할 때도 아이에게 몇 가지 선택지를 보여주고 결정하게 하는 것이 좋다. 행동계약서를 작성할 때는 아이와 보호자가 모두 서명하여 정식으로 계약을 체결한다. 이후에는 매일매일 평가해서 확인하는 것이 중요하다.

[행동계약서의 예시]

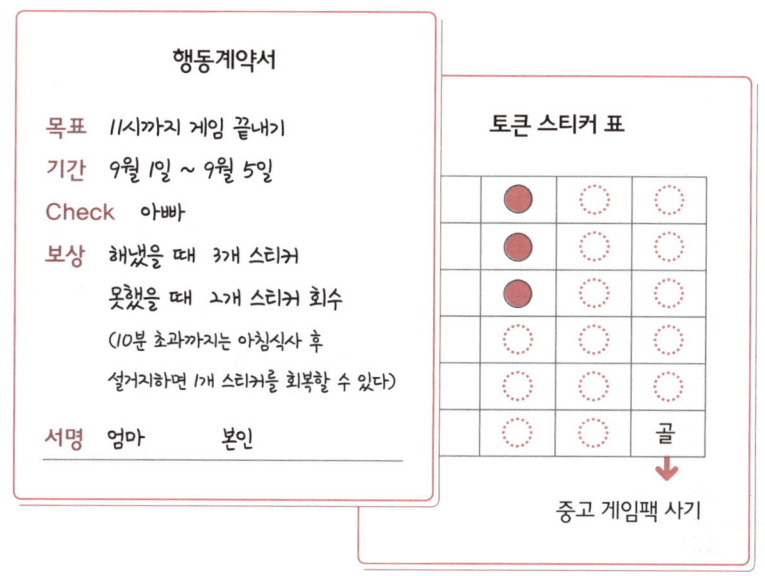

행동계약서를 작성할 때 아이와 부모 모두 서명하여
정식으로 계약을 체결함으로써 아이에게 책임감을 심어준다.

자기통제의 힘 키우는 과제 4가지

③ 아이 스스로 스케줄을 관리한다

　달력이나 수첩, 휴대전화의 스케줄 기능 등 스케줄을 관리하는 방법은 많다. 스케줄 관리도 자기통제 기술 중 하나다. 일반 아이도 유아기부터 학령기까지는 보호자나 교사가 아이의 일정이나 스케줄을 만들어준다. 그렇지만 사춘기가 되면 친구와의 약속, 동아리 활동이나 학원 등의 일정을 스스로 관리하는 것이 바람직하다. 사춘기나 성인기에는 자폐 스펙트럼 아이도 다른 사람이 자신이 해야 하는 일정과 행동을 정해주고 그것을 따르도록 재촉한다면 저항하는 경우가 많다. 스스로 스케줄을 만들고 실천할 수 있도록 기술 하나하나를 가르쳐 나가야 한다.

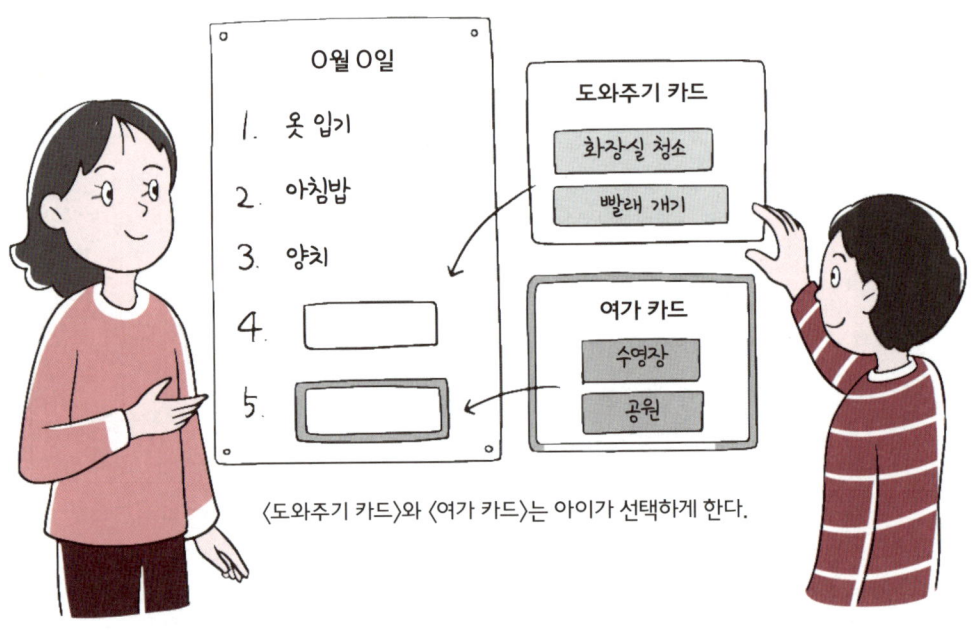

〈도와주기 카드〉와 〈여가 카드〉는 아이가 선택하게 한다.

아이 스스로 정하는 능력을 키우기 위해 스케줄 중 일부 활동을 표시할 때
두 가지 카드를 제시하고 아이가 그중에서 선택하도록 한다.

③ 아이 스스로 스케줄을 관리한다

자폐 스펙트럼, 특히 중증 지적장애를 동반한 아이는 그동안 보호자가 사진카드 혹은 글자카드를 나열해서 스케줄을 표시하고 자율적으로 다음 활동으로 이어지도록 노력했을 것이다. 이런 스케줄은 아이 스스로 계획한 것이 아니다.

아이가 스스로 정하는 능력을 키우기 위한 첫 단계는 스케줄 중 일부 활동을 표시할 때 두 개의 카드를 제시하여 아이가 선택하도록 하는 것이다. 처음에는 오늘 먹을 간식이나 식사 후에 갖고 노는 장난감 등 간단한 것으로 한다. 서서히 단계를 높여서 휴일에 외출할 장소나 여가활동을 두세 가지 중에서 선택할 수 있게 하여 스스로 스케줄을 정하고, 그 범위를 점점 넓혀간다. 글씨를 쓸 수 있다면 스케줄 수첩에 일정을 쓰거나 휴대전화 혹은 컴퓨터의 스케줄 프로그램에 입력하도록 가르치는 것도 좋다. 스케줄에 스스로 일정을 적는 것이 습관이 되도록 해서, 장래에는 자기의 일정을 스스로 관리하도록 한다.

그렇다고 해서 모든 스케줄을 아이가 자유롭게 정하게 두면 안 된다. 꼭 해야 하는 활동은 사전에 정해진 스케줄로 표시하고, 지금까지처럼 계속하도록 한다.

스케줄을 세워도 아이가 그대로 실행하지 못할 수도 있다. 일정을 너무 많이 넣어서 아이가 스케줄을 다 수행하지 못할 수도 있고, 갑작스러운 사정이나 돌발상황이 생겨 일정이 중지되는 경우도 종종 생긴다. 이런 상황이 생긴다면 당황하지 말고 스케줄을 어떻게 수정하면 되는지 배울 기회로 활용한다. 갑작스러운 사정으로 스케줄을 따라가지 못했을 때 아이가 당황하거나 놀라게 되면 최악의 경우 분노발작(텐트럼)을 일으킬 수 있다. 따라서 아이가 당황하지 않도록 일정을 다시 정하는 방법을 미리 알려주어야 한다. 이것 역시 넓은 의미에서 자기통제에 속하는 과제다. 실패했을 때에 어떻게 행동해야 하는지는 다음 네 번째 과제를 참고한다.

이처럼 다른 사람이 결정한 것을 따르지 않고, 스스로 자신의 스케줄을 정하고 그 스케줄에 따라 행동하는 것은 개인의 권리나 존엄성을 존중하는 것으로 자립 생활에 있어서 아주 중요한 기술이다.

자기통제의 힘 키우는 과제 4가지

④ 실패했을 때 아이 스스로 수정한다

다음은 실패했을 때의 대응 방법과 스스로 수정하는 방법을 어떻게 가르쳐야 하는지에 관한 설명이다.

실제로 실패하는 경우를 기다리기만 하면 훈련할 기회가 적어진다. 따라서 아이에게 조금 어려운 과제를 제시하여 실패할 것 같은 상황을 만들거나 다른 사람에게 물어보지 않으면 안 되는 상황을 만들어서 연습한다.

대부분의 보호자 또는 지도자는 아이가 실패하지 않도록 미리 다 가르치려는 경향이 있

대부분의 보호자는 아이가 실패하지 않도록 미리 다 가르치려는 경향이 있다.
하지만 실패에 대응하는 방법을 가르치는 것도 아주 중요한 기술이다.

④ 실패했을 때 아이 스스로 수정한다

다. 하지만 '실패에 대응하는 방법을 가르치는 것도 중요하다'라고 다짐하고, 아이 스스로 생각하고 수행하다가 시행착오를 경험하도록 해야 한다. 다만 아이가 시행착오를 경험할 때 도무지 감을 못 잡거나 부적절한 해결방법을 취하는 경우에는 즉시 도움을 준다.

예를 들어 '지도를 보고 목적지로 가기' 과제라면 아이에게 지도를 건네고 보호자는 아이의 뒤를 따라간다. 일정 시간 기다려도 길을 찾지 못한다면 다른 사람(파출소의 경찰이나 근처 가게의 점원 등)에게 물어보도록 지시한다.

이 경우에도 보호자가 아이에게 파출소의 위치를 직접 알려주면 안 된다. 이때 목표로 하는 바로잡기 기술은 '길을 잃었다면 다른 사람에게 묻기'이기 때문이다. 단, 획득 기술과 바로잡는 기술 중 어느 쪽을 우선순위로 가르칠 것인지 사전에 정해둔다.

유아기나 학령기의 양육에서는 성공하는 체험을 쌓으며 아이에게 강화하는 것을 장려해 왔다. 하지만 그것이 습관이 되어버리면 실패한 뒤에 배우기가 굉장히 어려워진다. 사회로 나가서 배운 것을 실제로 실행하려고 할 때 사람이 많거나 대화 소리나 음악 등 신경쓰이는 자극이 많으면 평소 당연하게 할 수 있던 것조차 못하게 되는 아이도 많다.

이런 경우에는 실제 훈련을 하기 전에 시뮬레이션을 여러 번 진행하여 충분히 연습하는 것이 필요하다. 예를 들어 '편의점에서 과자 사기' 과제라면 일상생활에서 '상품을 선택하고 계산대에서 지불한다'라는 연습을 1시간에 10번은 수행할 수 있다.

하지만 '카페에 들려서 차를 마신다'라는 여가활동 과제는 한 번 시행할 때 시간이 걸리기 때문에 1일 1번, 최대 2번 정도밖에 반복할 수 없다. 또한 주문한 음료를 몇 번이고 마실 수 없다.

따라서 기술을 얻기 위해서는 어느 정도 시행 횟수를 일정 시간 집중해서 반복해야 한다. 시행 횟수가 적은 경우에는 몇 개월 동안 같은 행동을 반복해도 기술을 획득하지 못할 수도 있다. 적은 연습 횟수를 보완하기 위해 집을 카페라고 설정하여 시뮬레이션을 반복적으로 수행한다. 시뮬레이션이라면 유리컵에 음료를 조금만 따르는 것으로 시행 횟수를 늘릴 수도 있다.

> **CHAPTER 2**
> 사춘기에는 어떻게 교육해야 할까?

자립하기 위해 꼭 필요한 과제

프로그램 선택은 아이 발달에 맞추기

이 책에서는 자폐 스펙트럼 아이가 자립하기 위해 꼭 필요한 과제들을 설명하고 있다. 크게 나눠서 ① 자립을 위한 생활 기술, ② 생활의 질을 높이는 여가 기술, ③ 자기통제를 위한 관리 기술, ④ 사회 활동을 위한 자립 기술, ⑤ 대인관계를 위한 소통 기술 등 5개 영역이다.

[자폐 스펙트럼 아이가 자립하기 위해 꼭 필요한 과제]

① 자립을 위한 생활 기술

② 생활의 질을 높이는 여가 기술

③ 자기통제를 위한 관리 기술

④ 사회 활동을 위한 자립 기술

⑤ 대인관계를 위한 소통 기술
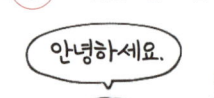

여기서 소개하는 ABA 프로그램은 자폐 스펙트럼 사춘기 아이가 자립할 수 있도록 도와주는 과제와 기술로, 아이의 발달 정도와 성향, 생활 환경 등을 고려하였다.

중도의 지적장애아의 경우

이 영역의 ABA 프로그램을 아이의 발달 정도와 능력, 성향, 생활 환경을 고려하여 필요한 기술을 선택하고 습득한다면 생활의 질 향상에 도움이 될 것이다.

다음은 아이의 발달 정도에 따라 어떤 ABA 프로그램을 중시해야 하는지 그 기준에 대한 설명이다.

중도의 지적장애아의 경우

중도의 지적장애를 동반한 아이라면 여가 기술의 종류를 늘려가는 것을 우선해야 한다. 일상의 즐거움이나 취미를 갖는 것은 마음을 안정시키기 위해 반드시 필요하고 문제행동을 예방하는 길이기 때문이다. 그런데 여가로 주어진 시간을 보내기 위해 하는 행동이 주변에서 보기에는 문제행동이 되는 경우가 종종 있다.

시설에 입소한 자폐 스펙트럼 남성은 적절한 여가 활동이 없고 감각적인 자동강화에 의해서 유지되는 머리 때리기를 반복하고 있었다.

필자가 머리 때리는 행동을 대신할 수 있도록 마음에 드는 노래를 연주할 수 있는 키보드 피아노의 조작법을 알려주자 머리 때리기 행동이 줄어들었다. 머리 때리기를 대신할 수 있는 강화제를 얻었기 때문이다.

그 시설에서는 '금방 부숴버린다'라는 이유로 그가 좋아하는 '음악을 즐길 수 있는 악기'를 제공받지 못했다. 그래서 볼륨을 최대로 키우지 않도록 버튼을 고

프로그램 선택은 아이 발달에 맞추기

정하거나 키보드 피아노를 떨어뜨리지 않도록 책상에 고정하는 등의 방법으로 적절하게 사용할 수 있도록 해서, 피아노 치는 여가활동을 정착시킬 수 있었다.

좋아하는 활동이 별로 없는 아이여도 자신이 좋아하는 것에 관련된 기술을 넓혀가면 여가활동을 늘릴 수 있다. 예를 들어 '먹는 것만이 유일한 즐거움'인 경우에도 두 개의 과자 중 좋아하는 것 고르기, 세 개 중 고르기, 다섯 개 중 고르기와 같이 선택지를 늘려갈 수 있다. 이후에는 가게의 상품 진열대에서 고르면서 '장보기' 활동으로 확장한다. 또한 이것을 '간식 만들기'로 확장시킬 수도 있다.

이렇듯 아이가 좋아하는 것 중 자신이 가장 원하는 것을 고르는 등 선택하는 기술을 가르치기 위해 지원하고, 거기서 더 넓혀가면서 다른 기술을 가르치는 것이 장애가 심한 아이를 지원할 때의 핵심이다.

앞으로 소개하는 '자립을 위한 생활 기술', '자기통제를 위한 관리 기술', '사회 활동을 위한 자립 기술' 등은 다양한 형태의 사용 방법을 활용하는 것뿐만 아니라 지역사회의 봉사자나 낯선 사람에게도 지원받을 수 있도록 가르쳐야 한다. 특히 '대인관계를 위한 소통 기술'에서는 기본적인 인사, 자기소개 등은 물론이고 모르는 것이 있을 때 "가르쳐주세요" 등의 요구와 "다 했어요" 등의 완료를 보고하는 것이 중요하다. 이때 가르치는 순서에 얽매이지 않고 아이가 할 수 있는 것부터 시도하는 것이 가장 중요하다.

중경도의 지적장애아의 경우

중경도의 지적장애를 동반한 아이의 경우에는 사춘기 양육의 목표를 지금 당장 할 수 있는 것의 질을 높여가는 것과 실제 상황에서 그 기술을 사용하는 범위를 넓혀가는 것으로 세운다. 특히 '자립을 위한 생활 기술'이라면 청소나 세탁 등 가사에 대해서 지시하거나 지시에 따르기만 하는 것이 아닌, 주간 스케줄 안에 '치우기 활동'을 넣어서 방이 어지럽혀져 있거나 그릇이 더러울 때 자발적으로 치울 수 있도록 하는 것을 목표로 한다. 또한, 지역사회에서 활동하기 위한 '사회 활동을 위한 자립 기술'도 적극적으로 시도해 볼 수 있다.

중경도의 지적장애아의 경우

다양한 것을 할 수 있게 되면 동시에 자기통제를 해야 할 일도 늘어난다. 이럴 경우에는 휴대전화나 인터넷, 게임 등은 아이와 함께 규칙을 정해서 지키도록 한다. 게임 소프트웨어 구입 요구에 대해서는 금전 관리와 연계하여 심부름이나 자기관리를 할 수 있도록 넓혀간다. 스스로 스케줄을 계획하는 기술도 타깃 행동으로서 매우 중요하다.

실패하거나 생각한 대로 진행되지 않을 때는 짜증을 내지 않고 다른 사람에게 물어보기, 도움을 요청하거나 상담하기, 못할 것 같거나 하기 싫은 것은 거절하기 등의 의사소통 기술을 익히는 것은 취업을 하거나 지역 내 인간관계에서 매우 유용하다. 특히 아플 때 약을 챙겨 먹는 행동이나 건강검진, 진찰과 치료받기, 몸 상태를 알리는 것은 장애의 종류나 정도에 관계없이 아주 중요하다. 따라서 진찰받기나 검진을 위한 훈련은 꾸준히 장기적으로 연습해야 한다.

 행동계약

행동계약(behavior contract)은 두 사람 사이에 어떤 타협을 한 후 그에 근거하여 계약을 체결하는 방법이다. 즉 어떤 행동을 하면 강화를 받고, 그 행동을 하지 못하면 벌을 받거나 대가를 치러야 한다는 사실을 상대방에게 미리 알려주는 하나의 과정이다. 행동의 결과로 주어지는 강화나 대가는 사회적인 것일 수도 있고 물질적인 것일 수도 있다. 이때 가장 중요한 것은 바람직한 행동과 바람직하지 않은 행동의 결과로 어떤 보상이나 강화 혹은 벌을 받을 것인지를 두 사람이 사전에 합의해야 한다는 것이다.

칼럼

자립 기술은 어렸을 때부터 가족과 함께 생활 속에서

한상민 《서두르지 않고 성장 발달에 맞추는 ABA 육아법》 저자

이제 고등학생이 된 지 3개월째인 우리 아들의 아침은 분주하다. 중학교 때보다 1시간이 빨라진 등교 시간에 맞추려면 바삐 움직여야 한다. 눈뜨자마자 "밥 주세요"를 외쳐 아침을 먹고, 식사 후엔 혼자 옷을 입고 가방을 챙겨 집을 나선다.

아내가 6년을 차로 실어 날랐던 초등학교나 걸어서 5분 거리에 있던 중학교와 달리 고등학교는 버스로 세 정거장 떨어진 곳이다.

아들에게 등굣길은 도전이다. 남들에게는 별것 아니지만, 자폐가 있는 아들에게는 사정이 다르다. 쉽고 간단한 일상을 스스로 해내려면 오랜 훈련이 필요하다.

고등학교 입학 몇 주 전부터 아내는 아들과 함께 버스를 타고 내리는 연습을 했다. 버스를 놓치거나 다른 번호 버스를 탔거나 정류장을 지나친 상황까지 고려해서 꼼꼼히 연습하고 또 연습했다. 그런데도 어느 날, 아들이 패닉이 된 채 집으로 돌아왔다. 교통카드를 집에 두고 가는, 시나리오에 없던 일이 생긴 것이다. 아들은 그날 경우의 수를 또 하나 배웠을 것이다.

자녀가 어릴 때 부모는 대부분 발달에 초점을 맞춘다. 아이가 느린 만큼, 말을 하고 글씨를 쓰고 숫자와 셈을 할 줄 아는 것이 최우선 과제일 수밖에 없다. 특수교육 현장에서도 교과를 중심으로 돌아간다. 때에 따라서는 아이의 감각이나 행동 문제에 집중해야 할 때도 있고, 약물과 치료실과 전문가의 도움을 받기도 한다.

하지만 아이는 자라고, 드디어 모든 부모의 관점이 변하는 시기가 온다. 짜증과 분노, 루틴과 고집, 반복되는 질문, 정해진 답변의 요구, 그리고 성적인 관심…. 아무도 알려주지 않는 아이의 사춘기, 자폐 스펙트럼 아이의 사춘기다.

많은 부모는 자녀가 사춘기가 되어서야 비로소 우리 아이에게 필요한 것이 말과 인지와 숫자만이 아니라, 자립에 필요한 기술들이라는 것을 깨닫게 된다. 하지만 정작 무슨 기술이 필요한지 몰라 당황하기도 하고, 그 기술을 가르칠 시점이 사실은 사춘기보다 훨씬 전이라는 걸 뒤늦게 깨닫기도 한다. 지금 아들의 일상은 어렸을 때부터 꾸준하게 생활 속에서 부딪히며 가르친 결과물이다. 느린 발달이나 행동 문제에도 불구하고 대중교통부터 마트, 식당, 영화관, 여행과 캠핑까지 모든 환경을 경험시키고 그 속에서 필요한 기술을 연습시켰다.

중요한 것은 '아이 스스로 할 수 있어야 하는 것' 그리고 '그 능력은 일방적으로 가르친다고 해서 터득되지 않는다는 것'이다. 아이는 가족과의 일상생활 속에서 잘 배울 수 있다. 집안일에 참여하고 취미와 여가생활을 가족과 함께 즐기면서 아이에게 필요한 자립 기술을 가르쳤다. 화폐 단위와 수 개념을 책으로 익히기보다는 같이 장을 본 후 아이 손에 신용카드를 쥐여주면서 대신 결제하는 경험을 하게 했다.

오늘도 아들은 도전한다. 버스 타고 혼자 학교에 가고, 아내와 함께 마트에서 장을 보고, 가족과 캠핑한다. 이렇게 하루하루 도전이 쌓이고 쌓여서 아들은 비록 느리지만 어제보다 오늘, 오늘보다 내일 더 자라고 있다.

· PART ·
II

가정에서의 기술

3. 자립을 위한 생활 기술
4. 생활의 질을 높이는 여가 기술
5. 자기통제를 위한 관리 기술

CHAPTER
3

자립을 위한 생활 기술
(자기관리 / 조리 / 세탁 / 청소)

・・・

사춘기에는 타인의 지시에 대해서 저항을 느끼므로,

스스로 할 수 있는 행동이 늘어나면

부모 자식 간의 충돌이 줄어들 수 있다.

사춘기에 알아야 할 기술 대부분은 가정에서도 가르칠 수 있다. 그중에서도 가장 기본적인 기술이 자립을 위한 자기관리(옷차림, 헤어, 화장, 몸가짐)와 생활하는 데 꼭 필요한 조리·세탁·청소와 같은 기술이다. 일상생활에서 보호자가 무심코 해줄 수 있는 행동이므로 특히 주의하고, 아이가 할 수 있는 것부터 차근차근 시작한다.

❶ 지시 없이 할 수 있는 것부터 시도한다

보호자의 지원 없이 생활 기술을 어느 정도 실천할 수 있는지 먼저 체크한다. 체크 과정을 통해 보호자가 무심코 도와주는 부분이 어느 지점인지 확인할 수 있다. 아침에 외출 준비할 때 필요한 기술을 확인하는 것만으로도 아래 내용에 답할 수 있다.

다음 기준으로 해당하는 항목을 체크해 보자.

A: 혼자 스스로 할 수 있다   B: 지시받으면 할 수 있다   C: 지시와 도움이 필요하다

- ☐ 알람시계 등을 사용해서 정해진 시간 안에 일어날 수 있다.
- ☐ 간단한 아침식사를 만들어 먹는다.
- ☐ 세수하기, 양치하기, 옷 갈아입기 등을 정해진 시간 안에 끝낼 수 있다.
- ☐ T.P.O.에 맞게 옷차림과 몸가짐을 정리한다.
- ☐ 스케줄을 확인하고 잊어버린 물건이 없는지 점검한다.
- ☐ 지각하지 않도록 시간 맞춰서 집에서 출발한다.

위 질문 항목 중 몇 개나 가능한가? 위의 질문은 그룹홈이나 독립해서 생활할 때 필요한 기본적인 기술이다(대부분의 그룹홈에서 식사는 준비해준다).

학령기 아이라면 세수하기, 양치하기, 옷 갈아입기, 스케줄이나 잊어버린 물건을 확인하는 기술은 보호자가 지시했을 때 할 수 있다면 '성취했다(완료했다)'고 말할 수 있다. 하지만 사춘기에 들어선 아이라면 '보호자의 지시가 있을 때 한다'에서 한 단계 더 올라가 '스스로' 할 수 있도록 해야 한다.

앞의 **PART I** '사춘기의 발달과제'에서 언급했듯이, 사춘기 시기에는 타인의 지시에 저항을 느끼고, 감정적이고 반항적인 태도가 눈에 띄기 시작한다. 지시가 없어도 스스로 할 수 있는 행동이 늘어나면 부모 자식 간의 충돌과 문제를 줄일 수 있을 것이다.

❷ 아이 기준에 맞으면 'OK' 한다

보호자는 기본적인 기술에 관해서 완벽함을 바라는 경우가 많다. 아이에게 '제대로, 확실히 하라'고 자꾸 요구하면 아이와의 의사소통이 막힐 수도 있다.

'바지에서 삐져나온 셔츠', '대충 한 세수', '정리하지 않은 머리카락'과 같은 행동들은 보기에 거슬릴 뿐 문제행동이 되는 것은 아니다. 따라서 생활 기술의 성취 기준을 '보호자의 기준'이 아니라 '아이의 기준(아슬아슬하게 봐줄 수 있는 기준)'에서 생각하고 OK 해주는 것이 좋다.

❸ 아이가 할 수 있는 방법을 적극 활용한다

요리를 예로 들면, 아침 메뉴는 '식빵, 손으로 찢은 양상추, 삶은 계란, 컵수프' 정도여도 충분하다. 이렇게 하면 식칼이나 불을 사용하지 않거나 사용하지 못하더라도 괜찮다. 설거지나 빨래는 직접 하는 법을 가르치기보다는 가전제품의 사용법을 알려주는 것이 좋다. 이렇듯 성취하기 쉬워 보이는 방법이 있다면 그 방법부터 적극 이용한다.

이 책에서 가르치는 기술을 참고하되 아이의 능력과 성향에 맞는 방법은 계속 찾아봐야 한다.

CHAPTER 3 자립을 위한 생활 기술

01. 옷 입기

Program POINT

자기관리

- 자폐 스펙트럼 아이에게 계절에 맞춘 옷차림을 하거나 T.P.O.(시간 time/장소 place/상황 occasion)를 생각해서 옷을 고르도록 가르치는 것은 어려운 일이다.
- 처음에는 상황에 맞는 옷차림의 선택지를 시각적으로 제시해서 아이가 고르게 한다.
- 이때 아이의 과민성을 배려하는 것이 중요하다.
- 아이의 취향(고집)과 계절이나 상황을 맞추는 것도 중요하다.

ABA Program

① 계절에 맞춰 옷 입는 법
② T.P.O.에 맞춰 옷 입는 법
③ 과민성에 대응하는 법
④ 취향 고집 혹은 집착 조정하는 법

 생활 기술

01. 옷 입기

① 계절에 맞춰 옷 입는 법

여름옷, 겨울옷처럼 해당 계절에만 입는 옷도 있고, 셔츠나 블라우스, 티셔츠 등 계절에 크게 상관없이 1년 내내 입는 옷도 있다. 여름옷, 겨울옷, 봄·가을 옷, 1년 내내 입는 옷으로 카테고리를 크게 나눠서 '여름옷은 7월에서 9월 중순까지', '겨울옷은 11월에서 2월 말까지'라고 규칙을 만들면 좋다. '기온이 25도 이상인 날이 일주일간 계속되면 여름옷으로 바꾸기' 같은 방법도 있다. 봄이나 가을은 기온의 변화가 크기 때문에 점퍼나 카디건 등 입고 벗기 쉬운 겉옷으로 체온을 조절할 수 있게 한다. 연중 월별 기온을 참고하여 15도에서 20도에는 겹쳐 입기, 12도에서 15도 정도는 두꺼운 옷 입기, 10도 이하는 코트나 목도리 착용하기 같은 규칙을 만드는 방법도 있다. 아래 그림과 같이 '옷 갈아입기 달력'을 만들어서 계절에 맞는 옷차림을 날짜와 함께 시각적으로 보여주는 방법도 효과적이다. 날짜가 적힌 표를 만들어서 반팔 입는 기간, 겉옷 가지고 다니는 기간, 긴팔 입는 기간을 표시한다.

[옷 갈아입기 달력]

4/27	28	29	30	31	5/1	2	3	4	5	6
토	일	월	화	수	목	금	토	일	월	화
겉옷 →						긴팔 →				

7	8	9	10	11	12	13	14	15	16	17
수	목	금	토	일	월	화	수	목	금	토
긴팔 →								반팔 →		

'옷 갈아입기 달력'을 만들어서 계절에 맞는 옷차림을 날짜와 함께
시각적으로 보여주는 방법도 효과적이다.

 생활 기술

01. 옷 입기

② T.P.O.에 맞춰 옷 입는 법

T.P.O.는 크게 나눠서 정장, 세미정장, 캐주얼이 있다.

아이의 생활패턴 중에 정장을 입어야 하는 경우와 세미정장을 입어야 하는 경우를 골라낸다. 상황에 맞는 복장에 대해 아이를 납득시킨 다음, 그때 입어야 하는 상·하의 세트를 사전에 정해두면 갑작스러운 상황이 생겨도 잘 대응할 수 있다.

[T.P.O.에 맞춘 복장의 조합]

평소 옷   일할 때 옷

상황에 맞는 복장에 대해 아이를 납득시킨 다음, 그때 입어야 하는 옷 세트를
사전에 정해두면 갑작스러운 상황이 생겨도 잘 대응할 수 있다.

| 생활 기술 |

01. 옷 입기

③ 옷 과민성에 대응하는 법

감각에 민감한 아이라면 옷 안쪽의 상표와 태그를 잘라내거나, 피부에 닿았을 때 부드러운 소재의 옷, 사이즈가 넉넉한 옷을 선택한다. 땀이 났을 때 옷감이 피부에 달라붙는 감각을 싫어하는 아이도 있다. 이런 경우는 흡수력이 좋은 소재, 땀이 빨리 마르는 소재(스포츠 웨어 등)를 선택하면 방지할 수 있다.

[갖고 있는 옷 일람표]

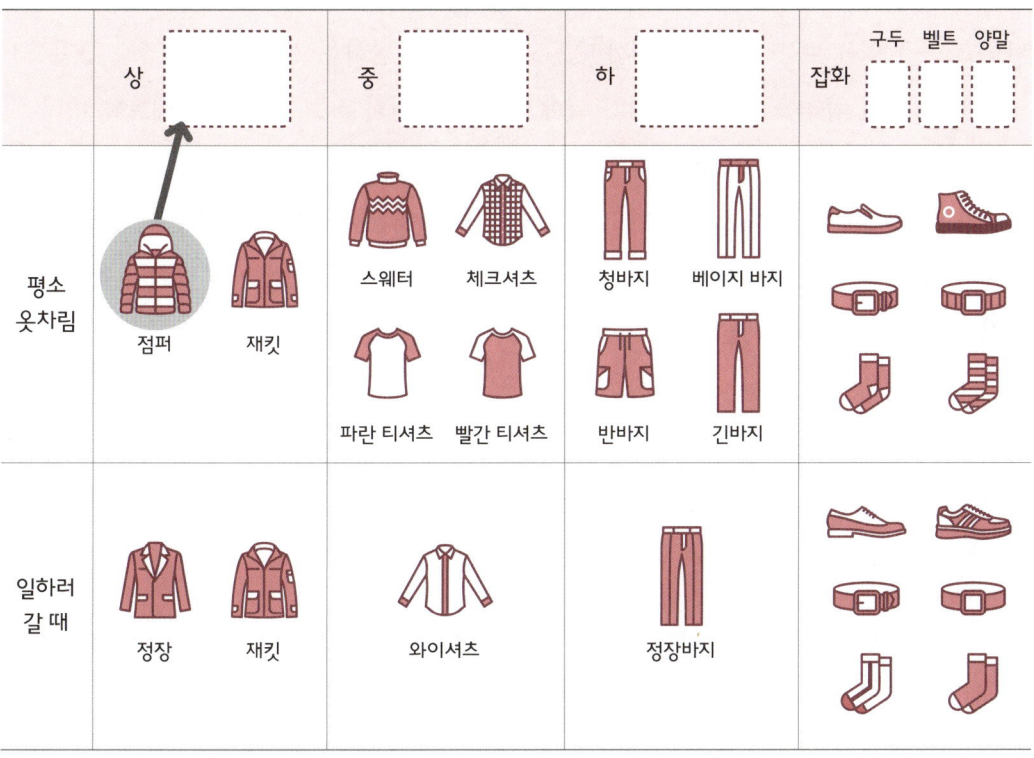

다양한 코디네이션을 하고 싶다면 가지고 있는 옷들을
일러스트나 사진으로 일람표를 만들어서 아이에게 고르게 한다.

01. 옷 입기

생활 기술

④ 취향 고집 혹은 집착 조정하는 법

옷은 매일 입기 때문에 취향(고집)이 생길 수 있다. 머리부터 발끝까지 같은 색으로 통일하는 것을 좋아하거나 무늬가 많은 옷을 좋아할 수도 있다. 전신을 분홍색으로 코디하거나 무늬가 있는 옷을 여러 개 겹쳐 입어서 어지럽게 보이는 등 일반적인 감각에서 벗어나는 경우도 있을 것이다. 이러한 취향일 때에는 일반적인 감각과 어느 정도 합의하도록 얘기 해보거나, 상의 또는 액세서리처럼 한 부분만 취향대로 입기 등의 규칙을 만들 수 있다.

복장을 갖추는 데 필요한 아이템은 상의(셔츠, 블라우스, 니트, 카디건, 점퍼 등)와 하의(바지, 치마 등), 겉옷(재킷, 점퍼 등), 잡화(신발, 양말, 가방, 벨트, 모자, 액세서리, 숄 등) 등 크게 네 가지로 나뉜다. 갖고 있는 옷이나 잡화를 검정색, 흰색, 베이지, 네이비, 빨간색 등의 색깔로 나누고 옷을 입을 때는 2~3가지 색까지만 고르기 또는 잡화는 같은 계열 색깔로 통일하기 등 선택할 때의 규칙을 미리 정하거나 아예 상하의와 잡화를 조합한 기본 세트를 미리 몇 가지 정해두고 돌려 입는 방법도 좋다.

다양한 코디네이션을 하고 싶다면 가지고 있는 옷들을 일러스트나 사진으로 일람표를 만들어서 아이에게 고르게 한다. 앞의 그림을 참고해서 옷 일람표를 만들고, 아이의 취향에 맞춰서 코디네이션을 시도해본다.

 토큰경제

토큰경제(token economics)는 행동 치료 목적으로 응용되는 토큰 프로그램으로 경제 원리를 따른다. 원하는 목표 행동을 설정하고 그러한 행위를 했을 때는 명확하게 대가를 지불하는데, 대가로 받은 토큰이나 점수는 강화물과 교환이 가능하다. 일반적으로 토큰경제는 유관계약(부정적인 행동을 감소시키는 것보다 긍정적인 행동을 강화하는 데 초점을 둠)을 내포한다.

CHAPTER 3 자립을 위한 생활 기술

02. 머리 빗기

Program POINT

자기관리

- 눈에 보이지 않는 뒤통수나 옆머리 쪽은 가지런히 빗기가 어렵다.
- 빗질이 서툴다면 빗을 쥐고 움직이는 훈련부터 시작한다.
- 여러 가지 요소를 한 번에 하려고 하기보다는 스몰 스텝으로 차근차근 시도한다.

ABA Program

① 머리 빗는 방법

생활 기술   02. 머리 빗기

① **머리 빗는 방법**

　거울에 비치는 부분(앞머리나 옆머리)부터 시작하는 것이 좋다. 머리의 어느 부분을 빗어야 하는지 몰라서 같은 곳만 빗고 있다면 사진이나 일러스트에 번호와 화살표를 적어 아이에게 보여주면서 차례대로 빗을 수 있게 알려준다.

　먼저 빗을 잡는 방법이나 손을 움직이는 법부터 가르칠 필요가 있다. 실제로 손에 빗을 쥐고 움직이는 감각을 깨닫고, 손 움직임이 익숙해지면 보호자가 아이 옆에 서서 시범을 보여주면서 같이 연습하는 것도 좋다.

　거울로 확인할 수 있는 부분부터 머리를 빗는다. 익숙해지면 보이지 않는 부분을 연습한다. 손을 뻗어서 뒤쪽에서 움직이는 감각을 깨닫게 해주거나 일러스트를 사용해서 빗어야 하는 부분을 알려주는 등 지금 어느 부분을 빗고 있는지, 다음은 어디를 빗어야 하는지 정해주는 것이 좋다.

　또한, 뒤통수의 머리카락을 좌우로 나눠 한쪽부터 조금씩 장소를 옮겨가면서 5회 빗기 등의 규칙을 만드는 것도 효과적이다.

　사용하는 도구를 달리함으로써 난이도를 조절할 수도 있다. 처음에는 굵은 빗을 사용해 머리카락이 걸리지 않게 쉽게 빗을 수 있게 한다. 또한, 빗의 손잡이에 천이나 비닐테이프 등을 감아서 손잡이를 두껍게 만들어주면 확실히 잘 잡을 수 있다.

　자고 난 뒤 헝클어진 머리를 빗거나 별도로 스타일링을 한다면 머리를 빗는 과정 전후에 사용할 헤어 제품을 정해야 한다. 냄새나 감촉 등 감각에 과민한 반응을 보이는 경우에는 아이의 취향을 고려해서 헤어 제품을 선택한다.

 생활 기술

02. 머리 빗기

['머리 빗기' 방법]

① 앞머리를 빗는다

② 얼굴의 옆머리(거울에서 보이는 부분)을 빗는다

③ 익숙한 손(오른손잡이라면 오른손) 쪽의 옆머리를 빗는다

④ 뒤통수 머리를 빗는다
(옆머리를 빗을 때보다 팔을 뒤로 더 길게 뻗어야 한다)

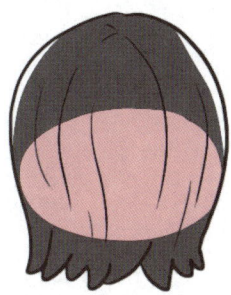

⑤ 익숙하지 않은 쪽의 옆머리를 빗는다
(손의 위치를 앞으로 가져와서 빗을 대거나, 빗을 다른 손으로 바꿔 잡는다)

머리의 어느 부분을 빗어야 하는지 몰라서 같은 곳만 빗고 있다면
사진이나 일러스트에 화살표나 순서를 적어 아이에게 보여주면서 차례대로 빗을 수 있게 알려준다.

CHAPTER 3 자립을 위한 생활 기술

03. 화장하기

Program POINT

자기관리

- 화장은 스킨케어, 기초 화장, 색조 화장 등 총 3단계로 구성되어 있다.
- 연령에 따른 취향과 숙련도를 고려해 과정을 취사선택하고 사용할 도구를 적절히 선택한다.
- 화장품 과민성에 대한 배려도 잊지 않는다.
- 화장품 코너에 가서 테스트를 해보거나 실제로 메이크업을 받아보면 민감도 여부를 확인할 수 있다. 이런 경험을 하면 화장에 대한 동기가 높아지기도 한다.

ABA Program

① 스킨케어(세수, 보습 등) 바를 때 주의사항
② 기초(선크림, 파운데이션) 화장하는 법
③ 색조(눈과 볼, 입술 등) 화장하는 법

생활 기술　　　　　　　　　　　　　　　　　　　　　　　　　　　**03. 화장하기**

① 스킨케어(세수, 보습 등) 바를 때 주의사항

화장 지우기, 세수하기, 피부 보습은 피부를 청결하게 지키기 위한 과정이고 화장의 완성도와도 연결된다.

비누나 클렌저로 거품을 내기 어렵다면 누르면(펌핑) 거품이 나오는 세안용 제품을 선택한다.

화장 지우기를 어려워한다면 닦아내는 물티슈 형태의 제품을 사용해도 좋다. 닦아낸 결과물을 눈으로 볼 수 있어 스스로 화장이 잘 지워졌는지 확인할 수 있다.

마스카라나 아이라이너는 일반적인 세안용품으로 지우기 힘들기 때문에 애초에 제품을 선택할 때 따뜻한 물로 씻으면 지워지는 것을 고른다.

일러스트로 얼굴을 씻는 순서나 씻을 부분을 알려주는 것도 효과적이다.

② 기초(선크림, 파운데이션) 화장하는 법

다음은 선크림과 파운데이션 혹은 파우더를 바르는 순서다.

메이크업베이스는 피부의 보습을 유지하고 파운데이션을 고르게 바를 수 있도록 하며 화장이 오래 유지되게 돕는 역할을 한다. 메이크업베이스 중에는 선크림 겸용 제품도 많다. 야외 활동이 많다면 피부 보호를 위해 선크림을 별도로 바르도록 한다.

파운데이션은 피부의 색깔에 맞춰 선택한다. 파운데이션은 고형 제품과 액상 제품이 있는데 처음에는 고형 제품을 사용하는 편이 아이가 파운데이션을 바르는 요령을 파악하기 쉽다. 리퀴드나 크림 타입 파운데이션은 펴 바를 수 있으므로 메이크업베이스(썬크림)와 동일한 순서로 바른다. 바르는 순서는 그림으로 알려주면 효과적이다.

파운데이션을 바른 뒤 가루나 팩트로 된 파우더를 바르기도 한다. 파우더를 바를 때의 과제 분석은 파운데이션(고형 제품)과 같다.

생활 기술

03. 화장하기

아래 그림은 기초 화장과 파운데이션의 과제 분석을 순서대로 표시한 것이다. 아이와 함께 보면서 연습하거나 사용 방법을 만들어 사용한다.

[메이크업베이스(썬크림) 바르기]

①
메이크업베이스를 준비한다.

②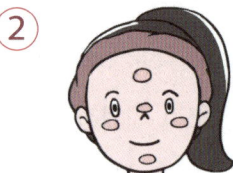
이마, 볼, 코, 턱에 바른다.

③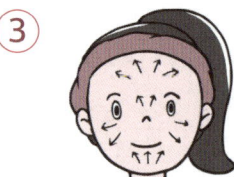
각각을 넓게 펴 바른다.

[파운데이션 바르기]

①
퍼프의 반에 파운데이션을 묻힌다.

②
눈 아래에 퍼프를 두고, 볼에 파운데이션을 넓게 바른다. (반대쪽 볼도 똑같이 한다.)

③
퍼프의 반쪽에 파운데이션을 묻힌다.

④
이마에 퍼프를 두고 파운데이션을 넓게 바른다.

⑤
코와 코의 아래를 퍼프를 사용해서 가볍게 두드린다.

⑥
턱을 퍼프로 가볍게 두드린다.

| 생활 기술 | 03. 화장하기 |

③ 색조(눈과 볼, 입술 등) 화장하는 법

색조 화장은 크게 나눠서 눈썹, 눈, 볼, 입술 화장이 있다. 일러스트나 아이의 사진을 사용해서 사용 방법을 알려주고 바를 부위를 표시하면 아이가 쉽게 이해할 수 있을 것이다.

눈썹(아이브로)은 먼저 눈썹 모양을 정리하는 것이 좋다. 스스로 정리하기 어려울 때는 미용실이나 화장품 판매점에 문의해 눈썹 정리를 해주는 곳을 찾아본다.

눈 화장은 아이섀도, 아이라이너, 마스카라 등 다양한 제품을 사용한다. 또한 뷰러(속눈썹을 위로 말아주는 도구)를 사용할 때는 실수로 눈꺼풀을 집지 않도록 고안된 제품을 사용한다.

눈 화장은 눈과 바로 가까운 곳에 하기 때문에 화장품이 안구에 직접 닿지 않게 주의해야 한다. 일러스트나 모형에 화장할 부분을 표시하고, 처음에는 손만 사용해서 어디에 어느 정도의 힘으로 화장도구를 사용해야 하는지를 알려준다.

마스카라는 정말 사용하기 어려운 화장품이다. 하지만 능숙하게 사용하면 인상이 바뀌기 때문에 마스카라를 애용하는 사람이 많다. 처음에는 눈썹의 앞만 집는 연습을 하는 것이 좋다. 이후 익숙해지면 속눈썹 뿌리에 뷰러를 대고 속눈썹을 쓸어가며 올려준다.

치크(볼터치)는 파우더로 된 것과 크림으로 된 제품이 있다. 크림보다는 파우더 제품이 바르기 쉽다. 붓이나 퍼프에 제품을 조금만 묻혀서 볼을 가볍게 쓸어내리듯이 바른다. 이 과정도 일러스트나 사진, 동영상으로 보여주면 쉽게 알 수 있다.

입술은 립스틱이나 립글로즈를 직접 입술에 바르거나 립라이너로 입술의 윤곽을 정리한다. 입술은 코와 가깝고 실수로 입에 들어가는 경우도 있기 때문에 냄새와 감촉에 대해 민감한 반응을 보일 수도 있다. 판매처에서 테스트해보거나 점원에게 상담하여 향이 진하지 않은 제품을 선택하는 것이 좋다.

CHAPTER 3 자립을 위한 생활 기술

04. 몸가짐 단정히 하기

Program POINT

자기관리

- 단정한 몸가짐과 적절한 복장으로 청결감을 주도록 한다.
- 다른 사람으로부터 지시를 듣고 체크하는 것이 아닌, 시각적 지원을 통해 스스로 몸가짐을 정돈하는 기술을 익힌다.
- 이 생활 기술을 일상 스케줄로 수행하는 것이 최종적인 목표다.

ABA Program

① 단정한 몸가짐을 위한 체크리스트
② 단정한 몸가짐을 위한 행동 기술
③ 체크리스크 확인하는 방법

| 생활 기술 |

04. 몸가짐 단정히 하기

① 단정한 몸가짐을 위한 체크리스트

단정한 몸가짐과 관련된 과제는 빨래하기, 머리카락 관리하기(머리 빗기, 더벅머리 고치기, 머리 묶기 등), 손톱 정리하기(너무 길거나 거스러미가 일어나지 않도록 하기), 양치질하기(이에 음식이 끼어있는지 이물질 확인하기), 복장(적절한 복장, 셔츠의 밑단을 바지에 넣었는지 등), 손수건이나 물티슈 휴대 등을 예시로 들 수 있다. 남자아이면 수염 정리하기, 여자아이면 화장과 매니큐어가 지워지지 않았는지 확인하기, 제모하기, 양말에 구멍은 없는지 등이 추가된다.

이와 같은 과제를 스스로 확인할 수 있도록 아래 그림과 같이 체크리스트로 만든다. 필요하다면 아침 외출하기 전, 식사 후, 휴식 후 체크리스트를 각각 준비하는 것도 좋다. 체크하는 타이밍은 '○시가 되면'과 같이 특정 시간을 정하기보다는 '점심 식사가 끝난 후', '귀가 준비할 때' 등 일상생활에서 수행하는 활동하기 전후의 스케줄로 만들어서 습관화한다.

[몸가짐 체크리스트]

아침 체크리스트

	월	화	수	목	금
머리를 빗었다					
수염을 깎았다					
양치를 했다					
손수건, 물티슈 챙겼다					
옷에 주름 없음					
신발에 얼룩 없음					

현관 또는 거울 옆에 붙여둔다

단정한 몸가짐을 갖추기 위해 필요하면 아침에 외출하기 전에, 그리고 식사 후, 휴식 후에 체크리스트를 각각 준비하는 것도 좋다.

 생활 기술

04. 몸가짐 단정히 하기

또한, 습관이 되기까지 언어적으로 도와줄 때는 "양치해"와 같이 직접적인 지시가 아닌, "이가 깨끗한지 체크해볼까?"와 같이 아이가 스스로 확인할 수 있게 촉진한다. 이런 식의 접근을 했을 때 보호자에게 반발하지 않고 체크리스트를 기반으로 스스로 단정하게 정리하자는 의식이 싹트기 쉽다.

점심 식사 후 휴식할 때

	오전 중 휴식	점심 밥 이후	오후 3시 휴식
양치한다	✗	●	✗
머리를 빗는다	●	●	
옷의 주름을 고친다	●	●	
화장을 고친다	●	● → 스티커	

체크리스트는 휴대하기 편하도록 손수건 크기 정도가 좋다

9월

월	화	수	목	금	토	일
				1	2	3 (이발)
4	5	6 (손톱 깎기)	7	8	9	10
11	12	13	14	15	16	17
18	19	20 (손톱 깎기)	21	22	23	24
25	26	27	28	29	30	

달력을 이용하여 달에 한두 번 하는 몸가짐 기술의 체크리스트를 만든다

단정한 몸가짐을 체크하는 타이밍은 '점심 식사가 끝난 후', '귀가 준비할 때' 등 일상생활에서 수행하는 활동하기 전후로 하거나 월별로 체크하도록 하면 쉽게 습관화할 수 있다.

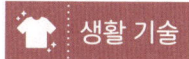 04. 몸가짐 단정히 하기

② 단정한 몸가짐을 위한 행동 기술

체크리스트에는 자발적으로는 못하지만 언어적인 도움을 받으면 혼자서 할 수 있는 행동도 포함시킨다. 또한, 언어적인 도움을 받더라도 혼자 못하는 경우에는 별도의 시간을 정해서 가르친다. 어느 정도 혼자서 할 수 있게 되면 체크리스트 항목에 추가한다.

③ 체크리스크 확인하는 방법

체크리스트를 작성할 때 아이가 이해하기 쉬운 방법을 사용한다. 글자만 사용해서 항목을 작성할 수도 있고, 일러스트나 사진을 사용하면 더 쉽게 이해할 수도 있다. '바람직한 몸가짐의 그림(사진)'과 '고쳐야 할 몸가짐의 그림(사진)'을 나란히 비교해주는 것도 좋다.

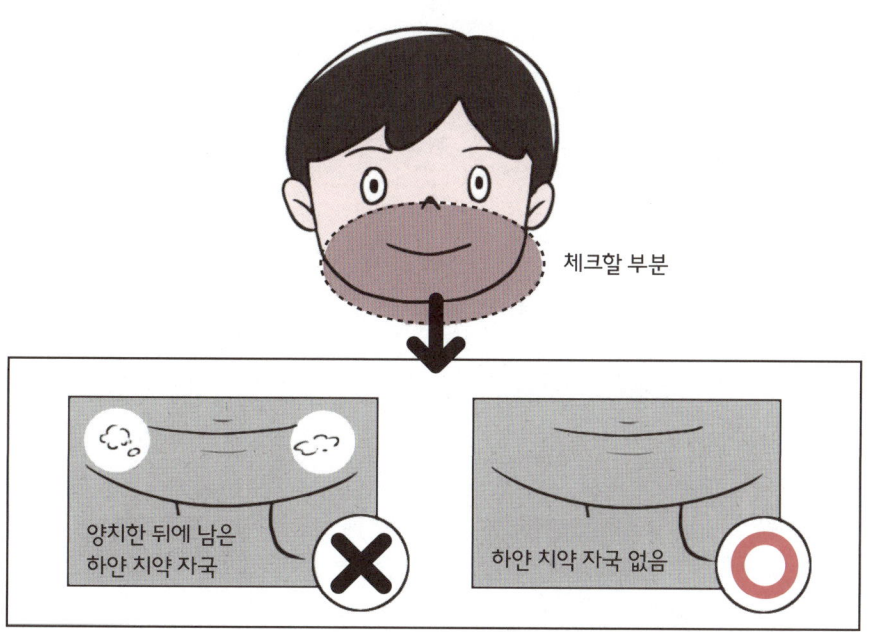

'바람직한 몸가짐의 그림(사진)'과 '고쳐야 할 몸가짐의 그림(사진)'을 비교하는 것도 좋다.

05. 전자레인지 사용하기

CHAPTER 3 자립을 위한 생활 기술

Program POINT

조리

- 전자레인지는 칼이나 불을 사용하지 않기 때문에 비교적 안전하고 간단하게 조리할 수 있다.
- 또한, 조리 과정이 단순해서 한 가지를 기억하면 다른 제품도 쉽게 응용할 수 있다.
- 행동한 결과로 맛있는 것을 먹을 수 있어서 성취감을 쉽게 느낄 수 있다.

ABA Program

① 사용하는 방법 배우기

| 생활 기술 | 05. 전자레인지 사용하기 |

① **사용하는 방법 배우기**

　시중에 판매하는 레토르트 식품 중에는 대부분 전자레인지에 돌리기만 하면 되는 것이 많다. 스프나 카레라이스 등 전자레인지에 데우기만 하면 되는 제품은 물론이고, 용기에 넣고 돌리면 되는 밥이나 면 종류, 햄버거나 미트볼 같은 즉석 식품류, 컵케익이나 팝콘 같은 간식류까지 매우 다양하다. 파스타를 삶거나 계란후라이를 만들 수 있는 전자레인지용 조리도구도 마트나 다이소 등에서 쉽게 구입할 수 있다. 이런 제품은 사용하는 방법도 간단해서, 전자레인지를 사용해서 조리하기를 배울 때 좋다.

　아이에게 조리법을 알려줄 때 순서를 잘 알 수 있도록 그림이나 사진을 사용해 레시피 카드를 만들고, 아이와 같이 순서를 확인한다. 이때 손 닦기 등의 위생을 위한 과정이나 사용할 도구를 확인하는 과정도 사용 방법에 포함시키면 좋다.

아이에게 조리법을 알려줄 때 순서를 잘 알 수 있도록
그림이나 사진을 사용해 레시피 카드를 만들어서 아이와 같이 순서를 확인한다.

생활 기술

05. 전자레인지 사용하기

　아래 작성한 사용 방법은 전자레인지용 용기를 사용한 파스타 조리법 순서다. 단, 파스타나 소면을 조리할 때 시간 절약을 위해 뜨거운 물을 사용하는 경우도 있는데 이것을 아이가 혼자서 수행하기 어려워한다면 보호자가 그 부분만 도와준다. 또한 뜨거운 물이 튀지 않도록 넉넉한 크기의 용기를 준비하고, 면의 익은 정도를 확인할 때 조리용의 긴 젓가락을 사용하는 등 안전을 충분히 고려한다.

　사람 수에 맞춘 양을 가늠하기 어려워한다면 계량 구멍이 있는 파스타 용기나 1인분씩 나눠서 묶어 파는 소면을 사용해도 좋다. 파스타 소스나 양파, 마늘 같은 부재료는 손질하여 1인분씩 판매하는 팩을 사용한다면 쉽게 과제를 배울 수 있다.

['파스타 조리하기' 방법]

① 재료로 면, 용기, 소금, 파스타 소스를 준비한다.
② 용기에 면 100g과 소금 한 꼬집을 넣고 눈금선까지 물을 넣는다.
③ 전자레인지에 용기를 넣고, (　)인분을 세팅한다 (이때 상품 조리법에 따른다).
④ 시간이 완료되면 꺼내 망에 받쳐서 뜨거운 물을 버린다.
⑤ 면을 접시에 담고, 파스타 소스를 부어서 섞으면 완성!

　전자레인지용 찜기가 있다면 채소를 익히거나 삶는 요리 등도 할 수 있다. 차가운 밥에 다진 양파, 피망, 참기름, 소금, 후추를 적당량 섞은 뒤 전자레인지용 찜기에 넣고 4분 정도 전자레인지를 돌리면 볶음밥을 만들 수 있다. 다진 채소는 채칼이나 야채다지기를 사용하면 식칼을 사용하지 않아도 된다. 볶음밥용 냉동 채소를 이용해도 된다.

　야채다지기를 사용하면 다양한 방법으로 자를 수 있고 시간도 단축된다. 야채다지기 사용법은 사진이나 그림으로 보여주면서 아이에게 맞는 방법을 연구한다.

CHAPTER 3 자립을 위한 생활 기술

06. 간단한 조리 직접 하기

Program POINT

조리

- 조리할 때마다 '몇 인분 만들지'를 결정해야 하면 양을 조절하기가 어렵다. 처음에는 1인분 만들기를 반복해서 연습한다.
- 1인분을 익숙하게 만들게 되면, 다음은 가족의 수만큼 조리하는 방법을 알려주어 가정에서 역할을 맡게 한다.

ABA Program

① 요리하는 방법
② 레토르트 식품 조리할 때 유의사항

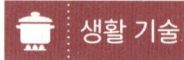 생활 기술

06. 간단한 조리 직접 해보기

① 요리하는 방법

간단하게 만들 수 있는 요리는 생각보다 많다. 음료수, 샐러드, 채소 요리, 과일과 시리얼을 사용한 요거트 같은 디저트까지 다양하다. 아이가 할 수 있는 기술에 맞춘 과제 분석과 쉽게 사용할 수 있는 도구를 이용해 난이도를 낮춰서 시도하면 성공하는 체험을 쌓아갈 수 있다. 성공 체험을 통해 할 수 있는 조리법도 늘어날 것이다.

여기서는 삶은 계란 샐러드의 레시피를 예시로 아이에게 맞춘 방법을 소개하였다.

조리 순서는 아래와 같다.

['삶은 계란으로 샐러드 만들기' 방법]

1. 재료로 계란 1개, 마요네즈, 양상추를 준비한다.
2. 양상추를 찢어서 접시에 담는다.
3. 냄비에 물을 붓고 계란을 넣은 다음, 가스레인지 위에 놓는다. 물은 계란이 잠길 정도로 붓는다.
4. 불을 켠다. 이때 불 세기 조절은 보호자가 해준다.
5. 타이머를 13분에 세팅한다.
6. 타이머가 울리면 멈추고, 불을 끈다.
7. 찬물을 가득 채운 볼에 계란을 넣는다.
8. 1~2분 기다렸다가 삶은 계란의 껍질을 벗긴다.
9. 껍질을 벗긴 계란을 자른다.
10. 접시에 담은 양상추 위에 자른 계란을 올린다.
11. 마요네즈를 뿌리고 섞으면 완성!

 **생활 기술**

06. 간단한 조리 직접 해보기

아이가 ❹번 순서에서 가스레인지 사용을 어려워하면 가스레인지 레버(혹은 버튼)를 몇 초 눌러야 불이 켜지는지, 어느 정도의 세기로 불을 조절해야 하는지를 표시해서 알려준다. 가스레인지 대신 전자레인지용 계란 삶는 용기나 계란찜기 같은 도구로 바꿀 수도 있다.

'13분 기다리기'의 과정에도 연구가 필요하다. 요리용 알람을 스스로 세팅하는 방법을 알려줄 수 있고, 13분 동안 10분 전후의 짧은 애니메이션을 한 편 볼 수 있게 하면 시간도 알 수 있고, 지루하지 않게 기다릴 수도 있다.

❽번 순서의 삶은 계란 껍질 벗기기 과정은 아이의 수준에 맞춰서 껍질을 깐 삶은 계란을 구입해서 사용해도 된다. ❾번 순서에 부엌칼을 사용하는 것이 걱정된다면 플라스틱 칼을 사용할 수도 있다.

⓫번 순서에서 뿌려야 하는 마요네즈의 적정량을 재기 어려운 경우에는 도시락에 사용하는 작은 용기나 개별 포장되어 있는 것을 사용하면 계량 실패를 막을 수 있다.

일단 '맛있게 만들었다', '내가 했다'와 같이 성공하는 체험을 쌓아가는 것이 다음 단계로 넘어가는 동기와 의욕을 높일 수 있다. 요리 레시피에 '물이 끓으면 ○○을 넣는다'와 같이 설명된 경우가 흔히 있지만, 아이에게는 '물이 끓는다'라는 이미지를 떠올리는 것이 어려울 수 있다. 그런 경우에는 '끓어오르면'이 아닌 '보글보글하면' 등으로 표현을 바꾸거나 물이 끓어오르는 사진을 사용 방법에 넣어서 아이가 알기 쉽도록 한다.

또한 '섞는다'라는 행동을 어려워한다면 별도의 시간을 내서 각기 다른 물건들을 섞는 연습을 한다. 예를 들어 요리 재료와 비슷한 크기의 컬러 구슬이나 블록 같은 것을 용기에 넣고 흘리지 않게 섞는 식으로 연습할 수 있다.

만드는 순서는 그림이나 사진만 고집하지 않아도 된다. 휴대전화나 노트북, 태블릿 등 전자기기로 사용 방법을 만들어서 보는 방법도 있다. 다만, 전자기기를 사용할 때에는 물에 젖어도 괜찮도록 비닐봉지 등에 넣거나 방수 기능이 좋은 제품을 선택한다.

불을 사용하는 가스레인지나 칼, 채칼 같은 날붙이를 쓸 때는 주의점이나 규칙을 반드시 같이 알려줘야 한다.

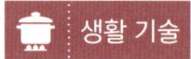 생활 기술

06. 간단한 조리 직접 해보기

② 레토르트 식품 조리할 때 유의사항

구입한 패키지 그대로, 또는 용기에 옮겨서 전자레인지에 데우면 바로 먹을 수 있는 레토르트 식품의 종류가 늘어나고 있다. 햄버거, 미트볼 같은 고기 요리나 카레나 덮밥 소스류부터 컵케이크, 팝콘 같은 간식까지 매우 다양하다.

아이의 취향과 단계에 맞춰서 간단하게 할 수 있는 것부터 시작하여 조금씩 단계를 높일 수 있도록 계획한다. 처음에 아이에게 만들고 싶은 것을 고르게 한다면 조리에 대한 동기를 높일 수 있다. 먼저 자신의 간식을 만드는 것부터 시도하고, 점점 단계를 높여가며 식사 중의 반찬 한 가지를 담당하도록 한다.

레토르트 식품 용기에 적혀 있는 조리법의 설명은 성인을 대상으로 하기 때문에 순서가 요약해서 적혀 있거나 글자가 많이 쓰여 있다. 따라서 아이에게 맞춘 레시피카드를 다시 만드는 것이 좋다. 코코아 분말이나 우유 등의 계량을 쉽게 할 수 있도록 용량 표시가 된 숟가락 또는 조리용 계량기나 컵을 준비하는 것도 좋은 방법이다. 가열된 뜨거운 용기에 닿아서 화상을 입는 경우도 있으므로, 용기의 어느 부분을 잡아야 하는지 미리 표시를 해두는 것도 필요하다.

계량을 쉽게 할 수 있도록 용량 표시가 된 조리용 컵과 저울을 준비한다.

07. 설거지와 뒷정리하기

CHAPTER 3 자립을 위한 생활 기술

> **Program POINT**

조리

- 조리가 끝난 뒤 부엌을 정리하는 것까지 조리 과정에 포함된다. 그 과정까지 습관화시킨다.
- 조리하는 순서를 작성할 때 설거지나 뒷정리까지 넣고, 부엌에 뒷정리하는 장소를 미리 마련해 둔다.

> **ABA Program**

① 설거지하는 방법
② 뒷정리하는 방법

생활 기술

07. 설거지와 뒷정리하기

① 설거지하는 방법

　설거지할 때의 환경이나 도구도 아이가 쉽게 할 수 있도록 연구한다. 아래는 설거지 방법의 예시다. 접시를 닦은 뒤에는 손가락으로 만져봐서 음식물이나 세제가 남아 있지 않은지를 체크하는 항목을 넣을 수 있다.

　아래 예시와 같이 아이 혼자 할 수 있는 단계와 어려운 단계가 무엇인지 각각 체크하고 기록한다. 필요하다면 도구를 더 쉽게 사용할 수 있도록 연구하거나 부분적으로는 보호자가 도와준다.

['설거지' 방법]

혼자서 했다 ○　　언어적 지시로 했다 ☆　　어른이 도와줬다 △

순서	5월 7일	5월 8일
① 밥 먹은 그릇을 싱크대에 가져간다.	○	○
② 수도꼭지를 연다.	○	○
③ 수세미와 접시를 물에 적신다	△	☆
④ 수세미에 세제를 1번 눌러서 묻힌다.	☆	☆
⑤ 그릇을 수세미로 닦는다.	○	○
⑥ 물로 그릇의 세제를 씻어낸다.	○	○
⑦ 그릇을 식기건조대에 넣는다.	○	○
⑧ 수도꼭지를 닫는다.	☆	☆

| 생활 기술 | **07. 설거지와 뒷정리하기**

음식물이나 세제 등의 이물질이 남아있지 않은지 체크할 수 있도록 설거지 방법에 추가하는 것도 좋다. 설거지는 초등학생 정도의 보통 아이도 어려워하는 일이다. 따라서 아이가 설거지의 '모든 과정을 혼자서 완벽하게 할 수 있다'라는 생각을 버리도록 한다.

도구 사용하는 방법 처음에는 손에서 미끄러지거나 떨어뜨리더라도 안전한 플라스틱 식기를 사용한다. 식기를 조심히 다루고, 깨끗이 닦을 수 있게 되면 도자기나 유리 식기를 닦는 방법을 알려주는 등 스몰 스텝으로 시도한다.

수세미에 세제를 묻힐 때는 뚜껑을 누르면 거품이 나오는 타입 또는 세제병에 수세미를 가까이 대면 자동으로 세제가 나오는 타입 등 사용하기 편한 제품을 이용하도록 하여, 아이가 보다 쉽게 할 수 있도록 해준다. 또 식기세척기를 사용하는 방법을 알려줄 수도 있다.

정리할 때에도 설거지한 식기를 원래 있던 장소에 넣는 순서나 놓을 위치를 시각적으로 표시해둔다.

접시를 닦고 정리하는 순서도 그림이나 사진을 붙여 알려준다.

물 혹은 세제 과민성에 대응하는 방법 물이나 세제의 감촉을 싫어하는 아이의 경우 고무장갑을 사용하도록 알려준다. 고무장갑은 손가락 끝에 돌기가 있어서 식기가 잘 미끄러지지 않으므로 식기를 다루는 것도 보다 쉽게 수행할 수 있다.

물의 온도에 따라 저항이 적어지는 아이도 있다. 찬물뿐 아니라 따뜻한 물도 사용해보면서 아이의 상태를 유심히 관찰한다.

물을 좋아하는 아이 대응하는 법 아이가 물을 좋아해서 설거지는 하지 않고 물로 장난만 치고 있다면, 설거지하는 시간이나 접시를 닦는 횟수를 사전에 약속한다. 아이가 약속을 지키면 칭찬해준다. 이때 토큰 스티커를 사용하는 것도 방법이다.

| 생활 기술 | 07. 설거지와 뒷정리하기 |

② **뒷정리하는 방법**

　조리가 끝난 뒤에 남은 식재료와 조미료를 다시 제자리에 넣고 깨끗이 닦은 그릇과 도구를 정리하는 방법도 주변 환경을 연구하면 쉽게 시도할 수 있다.

　조리하고 남은 식재료는 '랩으로 포장하기', '봉투에 넣어서 냉장고에 넣기' 등 해야 할 행동을 그림이나 사진으로 보여주면 쉽게 알 수 있다. 냉장고 안에도 미리 사진이나 글자를 붙여서 정리할 곳을 표시해둔다. 조리 도구는 그것을 꺼낸 곳 또는 수납장 등 원래 있던 장소에 정리할 수 있도록 사진이나 글자를 사용해 시각적으로 지원한다.

　조리한 음식을 전부 먹은 뒤 식탁을 깨끗이 닦는 작업도 가능한 한 즐겁게 시도할 수 있도록 연구한다. 아이가 모두 수행했다면 반드시 칭찬해주도록 한다. 모든 뒷정리 과정을 아이 혼자서 해내는 것이 목표가 아니다. 스몰 스텝으로 할 수 있는 것부터 점차 늘려나가는 것이 핵심이다.

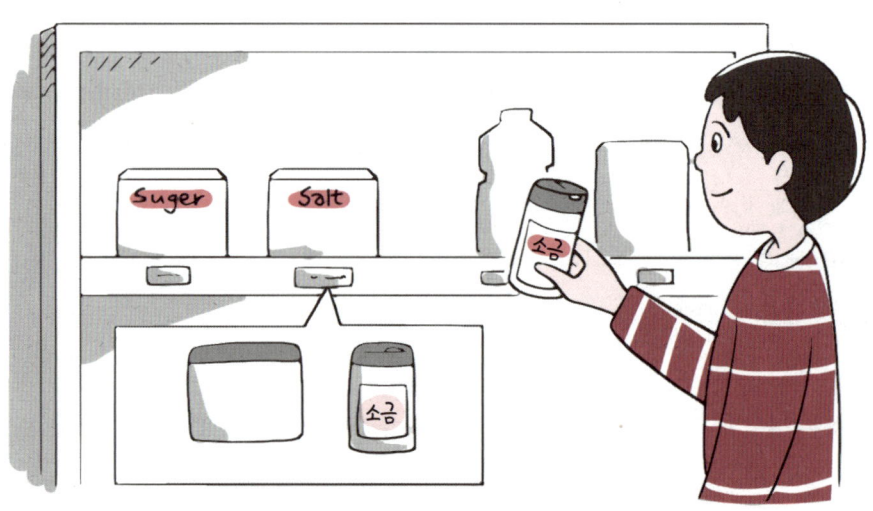

조리가 끝난 뒤에 사용한 도구는 원래 있던 장소에 정리할 수 있도록
사진이나 글자로 시각적 지원을 해주면 좋다.

CHAPTER 3 자립을 위한 생활 기술

08. 세탁기 사용하기

Program POINT

세탁

- 세탁은 거의 매일 하는 가사 일이기 때문에 연습 기회를 많이 확보할 수 있다.
- 하지만 일련의 순서를 정착시키까지는 시간이 필요하므로, 아침과 같이 바쁜 시간대는 피하고 보호자와 아이 모두 여유를 가지고 시도할 수 있는 시간에 꾸준히 연습한다.
- 주말이나 방학에는 심부름을 시켜서 아이가 토큰 스티커를 얻도록 유도한다.

ABA Program

① 세탁기 사용할 때 유의사항

생활 기술   08. 세탁기 사용하기

① 세탁기 사용할 때 유의사항

처음에는 쉬운 작업부터 시작한다. 매일 같은 양이나 종류별로 옷을 세탁하는 것을 목표로 하는 것이 좋다. 예를 들어 빨래 바구니에 들어있는 옷만 세탁하기, 주말에는 침대 시트를 세탁하기 등이다.

세탁기에 옷을 넣을 때는 가장 간단한 방법부터 시작한다. 처음부터 적절한 세탁물의 양을 파악하도록 하거나 이염되기 쉬운 옷과 심하게 더러운 옷을 나누는 것까지는 요구하지 않도록 주의한다. 처음에는 겉옷, 속옷, 수건 등 세탁물을 구분해서 넣을 수 있는 바구니를 각각 준비해서 그곳에 옷을 넣어 두도록 한다. 그러면 아이는 빨래 바구니에 구분되어 들어있는 옷을 그대로 세탁기에 옮겨 넣는 것만으로 작업을 끝낼 수 있다.

아이가 할 작업을 더 늘리고 싶다면 뒤집힌 양말이나 셔츠를 바르게 뒤집기, 주머니가 비었는지 확인하기 등 비교적 간단하게 할 수 있는 작업으로 한다.

세탁할 때 주의할 핵심은 그림이나 표로 만들어서 알려주고, 구체적으로 확인하고 참고할 수 있는 방법을 연구하는 것도 좋다. 익숙해진다면 주의할 점을 추가하거나 정착한 항목과 바꾸면서 아이가 맡는 부분을 점점 늘려간다.

세탁기에 옷을 넣었다면 버튼을 누르고 세제를 넣는다. 각 가정에서 사용하는 세제의 종류나 세탁기 종류(통돌이, 드럼 등)에 맞춰서 지도한다. 사전에 세탁기 사용법을 종이에 적어서 세탁기 주변에 붙여놓거나 세탁기 버튼에 누르는 순서대로 숫자 스티커를 붙여주면 아이가 쉽게 알 수 있다.

빨래할 옷의 양에 맞춰서 세탁기가 세제의 양을 조절해주는 제품도 있다. 세탁기에 표시된 양에 따라서 세제를 조절하며 넣거나 표시를 신경 쓰지 않고 항상 정량을 넣는 등 아이의 이해도를 고려해서 선택한다. 세탁할 옷의 양을 일정하게 조절해두면 매번 세제의 양을 신경쓰지 않아도 된다. 또한, 액체세제보다 가루세제가 양을 조절하기 쉽고 손끝의 섬세한 작업이 어려운 아이에게 적합할 수 있다.

| 생활 기술 | 08. 세탁기 사용하기 |

['세탁기 사용하기' 방법]

세탁기를 사용할 때 사용법을 적은 것을 세탁기 옆에 붙여놓거나 세탁기에 누르는 순서대로 숫자 스티커를 붙여두면 쉽게 알 수 있다.

09. 빨래 널고 개기

CHAPTER 3 자립을 위한 생활 기술

Program POINT

세탁

- '빨래 널기'는 하나의 작업으로 보이지만 실제로는 건조대에 걸기, 옷걸이에 걸기, 빨래집게로 집기, 주름 펴기 등 다양한 동작이 포함되어 있다.
- 처음에는 너는 방법이 동일한 빨래만 담당하게 한다. 점차 다양한 방법을 익힐 수 있도록 스몰 스텝으로 시도하며 동작을 늘려간다.
- '빨래 개기'를 알려줄 때도 '빨래 널기'와 같은 방법으로 한다.
- 특히 '빨래 개기'를 할 때 옷에 따라 각기 접는 방법이 다른데, 상식을 따지기보다는 아이의 운동 기술에 맞춰 간략하게 목표를 설정한다.

ABA Program

① 빨래 너는 방법
② 빨래 개는 방법
③ 옷 정리하는 방법

 **생활 기술**　　　　　　　　　　　　　　　　　　　　　　　　　　**09. 빨래 널고 개기**

① **빨래 너는 방법**

　세탁물의 주름을 펴기 위해 손목을 사용해서 '쫙' 하고 세탁물을 털려면 특별한 운동 기술이 필요하다. 또한 건조대에 건 세탁물에 빨개집게를 집는 것 역시 섬세한 운동 기술이 필요하다. 이러한 동작을 혼자서 할 수 없는 아이라면 빨래 말리기 과제와는 별개로 따로 시간을 내어서 손과 팔 위주의 동작을 집중적으로 연습한다. 빨래집게를 집을 수 있는 아이라면 처음에는 보호자가 세탁물을 건조대에 걸고 아이가 빨래집게로 세탁물을 집는 작업을 맡기도록 한다.

　건조대에 수건을 너는 것은 간단해 보이는 작업이지만, 수건이 미끄러져 떨어지지 않도록 하려면 수건을 각각 반 정도 되게 널기, 수건이 건조대 한쪽에 쏠리지 않도록 펼쳐서 거는 등의 세세한 요령이 필요하다.

['빨래 너는 방법' 알려주기]

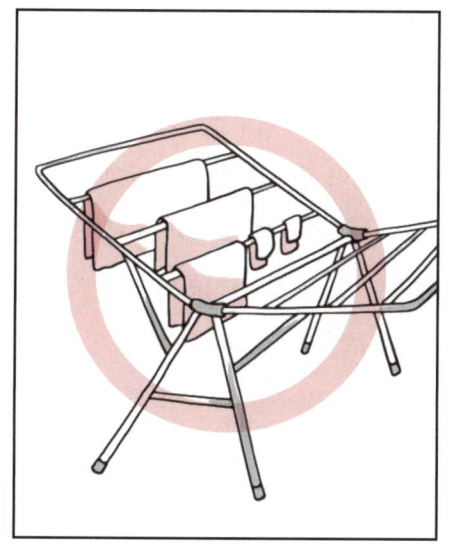 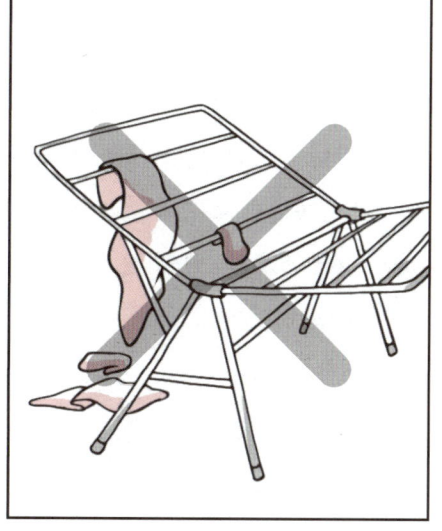

빨래 너는 방법을 알려줄 때는 바람직한 방법과 바람직하지 않은 방법의 예시를 사진으로 찍어서 시각적으로 보여주면서 설명하는 것이 좋다.

09. 빨래 널고 개기

이러한 동작을 일일이 말로 설명하면서 아이가 기억하도록 하기란 굉장히 어려운 일이다. 보호자가 먼저 시범을 보여주고 단계마다 따라 하게 하거나 바람직한 방법과 바람직하지 않은 방법의 예시를 사진으로 찍어 시각적으로 보여주면서 설명하는 것이 좋다. 빨래 너는 방법의 핵심을 일람표로 만들어두면 아이가 빨래를 널 때 스스로 확인하면서 수행할 수 있다. 일람표가 있으면 아이가 혼자서 빨래를 넌 뒤에 알맞게 널었는지를 보호자와 함께 체크할 때에도 편리하다.

② 빨래 개는 방법

수건과 같이 한 장으로 된 것은 개는 방법이 단순하기도 하고 조금 잘못 접었더라도 별문제가 되지 않으므로 처음에 알려주기 적합하다.

가정마다 개는 방법이 각기 다를 것이다. 아이가 빨래 개기를 처음 시도한다면 가능한 한 단순한 방법을 알려준다. 예를 들어 '짧은 쪽의 끄트머리와 반대쪽의 짧은 끄트머리를 만나게 한다'를 2회 반복하기 등이다. 바닥이나 테이블 위에 펼쳐 놓으면 쉽게 갤 수 있기 때문에 빨래를 개기 전에 충분한 공간을 확보하고 시도한다.

익숙해질 때까지는 보호자가 옆에서 빨래 개는 방법을 보여주거나 잘 개어놓은 견본을 옆에 두고 똑같이 접도록 한다. 또한, 노래를 좋아하는 아이라면 '끝과 끝을 딱 맞춰~'와 같이 빨래를 개는 방법의 핵심에 리듬을 붙여서 노래로 불러주면 즐겁게 수행할 수 있고 동작을 빠르게 정착시킬 수 있다. 똑같은 것끼리 매칭할 수 있는 아이라면 양말의 짝을 맞춰 개는 방법을 알려주는 것도 좋다. 여기저기 흩어진 양말 중에서 같은 짝을 찾아서 세트를 맞추고 방향을 일정하게 맞춘다. 세트가 맞춰진 양말의 입구를 뒤집어 개거나, 양말의 끝을 말아서 입구에 꽂는 등의 방법은 섬세한 운동이 필요하다. 단순히 똑같은 것끼리 짝을 맞추는 것이나 짝을 맞춰서 반으로 개는 것만으로도 스스로 수행했다고 할 수 있다. 가장 중요한 포인트는 성공의 기준을 낮게 잡아야 아이도 성취감을 느끼며 시도할 수 있다는 것이다.

| 생활 기술 | **09. 빨래 널고 개기**

　남성용 양말은 색이나 형태를 구별하기 힘든 편이므로 아이의 이해도에 맞춰서 익숙해질 때까지는 구별하기 쉬운 양말만 담당하도록 한다. 그 외 바지나 티셔츠 등 복잡한 것도 연구하기에 따라 차차 아이에게 맡길 수 있다.

　무엇보다 아이의 이해도나 움직임 수준에 맞춰서 가능한 한 쉽게 개는 방법을 알려줘야 한다. 삼등분해서 개기, 어깨넓이 정도로 개기 등은 기준이 애매하기 때문에 아이가 이해하기 어렵다. 바지는 가로로 반을 접고 돌돌 말기, 티셔츠는 양옆의 팔 부분을 안쪽으로 접은 뒤에 두 번 개기 등 기준이 명확하고 최대한 적은 단계로 갤 수 있는 방법을 아이에게 알려준다.

　또한 바지는 개지 않고 바지걸이에 걸기, 팬티는 개지 않고 그대로 정해진 서랍에 넣기와 같이 개는 단계를 간략하게 해서 아이의 성취감을 높일 수 있다.

보호자가 옆에서 견본을 옆에 두고 똑같이 접도록 한다.
빨래를 바닥이나 테이블 위에 펼쳐 놓으면 쉽게 갤 수 있다.

09. 빨래 널고 개기

③ 옷 정리하는 방법

'옷 정리하기'는 '빨래 널기', '빨래 개기'와 같이 손의 섬세한 작업이 필요하지 않기 때문에 아이의 의욕을 끌어낼 수만 있다면 빨래 관련 집안일 중에서 가장 시도하기 쉬운 과제다.

가장 먼저 자신의 옷을 정리하는 것을 목표로 한다. 앞으로의 자립 생활을 위해 일찍부터 아이 전용 옷장이나 서랍을 준비하여 시도하는 것이 좋다.

처음에는 양말만 시도하고, 이후 팬티와 셔츠 등 정리하기 쉬운 종류부터 조금씩 늘려간다. 매일 수행해야 하는 과제이기 때문에 아이가 저항없이 할 수 있도록 연구하는 것이 무엇보다 중요하다. 처음에는 보호자가 서랍을 열고 옆에 붙어서 아이에게 옷을 하나씩 건네주고 넣도록 한다.

최종적으로는 혼자서 모든 단계를 수행하며 정리하는 것이 목표이다. 그렇기 때문에 옷의 종류별로 정리하는 장소를 명확하게 나눠주어야 한다.

각각의 서랍 앞에 그림카드나 사진 붙이기, 서랍 안에 칸막이를 만들어서 어떤 옷을 넣어야 하는지를 쉽게 알 수 있도록 연구하는 것이 좋다. 또한 옷을 정리하는 장소는 조금 여유 있게 넓은 곳이 옷을 정리할 때나 꺼낼 때 훨씬 수월하다.

CHAPTER 3 자립을 위한 생활 기술

10. 청소기 돌리기

Program POINT

청소
- 청소기를 사용하기 전 단계로 청소용 밀대를 사용하는 방법을 알려준다.
- 청소용 밀대는 청소기 소리를 싫어하는 아이에게 적절하다.

ABA Program

① 청소기 돌리는 방법

| 생활 기술 | 10. 청소기 돌리기 |

① 청소기 돌리는 방법

　청소기 돌리는 방법을 가르치기 전에 사용한 물건을 스스로 정리하는 연습을 통해 정리와 청소를 어느 정도 몸에 익혀두는 것이 바람직하다. 한편으로는 보호자의 지시가 있을 때만 정리하는 아이라도 청소기를 사용하면 정리에 흥미를 갖고 시도하는 경우도 있다. 아이의 성향에 따라 보호자도 아이도 즐겁게 연습할 수 있는 방법을 선택한다.

　시판되는 청소기는 종류가 매우 다양하다. 일반적인 유선 청소기를 비롯해 스틱형 무선청소기, 충전식 소형 청소기 등이 있다. 집에 있는 청소기 중 아이가 사용하기 쉬운 종류부터 조작법을 알려준다.

　청소기 조작하는 방법을 알려줄 때는 전원을 끈 상태에서 움직이는 방법만 반복적으로 연습한다. 아이가 청소기를 잡고 실제로 움직여 보거나 보호자가 뒤에서 아이의 손을 잡아주면서 올바른 손의 위치와 움직임을 알려준다. 청소기 전원 버튼에는 스티커를 붙여서 쉽게 켜고 끌 수 있도록 한다.

　처음에는 아이 방 등 아이에게 가까운 장소 혹은 가구가 적어서 청소기를 돌리기 쉬운 곳부터 연습하는 것이 좋다. 바닥이 마루로 되어있다면 마루의 이음새를 따라서 청소기를 돌리면 더욱 쉽게 배울 수 있다. 가구가 없는 장소만 맡기거나 보호자와 함께 가구를 옮긴 뒤에 청소기를 돌리는 것도 좋다. 특정 방이나 장소를 청소할 수 있게 되면 점점 다양한 장소를 청소하는 방법을 알려준다.

　청소기를 돌릴 때의 순서나 주의할 점은 문장이나 그림, 사진을 사용해서 사용 방법을 만들고 청소기를 돌릴 때마다 확인하게 한다. 예를 들어 청소기를 돌리기 전에 바닥에 놓여 있는 책은 책장에 꽂기, 테이블이 있는 방은 의자를 넣은 뒤에 청소기를 돌리고, 돌린 후에 의자를 꺼내서 테이블 밑에도 청소기 돌리기 등이다.

　또한, 청소하는 방의 약도를 만들어서 청소기를 돌리는 길목이나 순서를 알려주면 빠뜨리는 곳 없이 청소기를 돌릴 수 있다.

| 생활 기술 | 10. 청소기 돌리기 |

이와 같은 단계가 익숙해진다면 가구 뒤쪽이나 틈새 같은 좁은 장소에서는 청소기 헤드를 세로로 하기, 방의 구석이나 창틀을 청소할 때는 청소기의 헤드를 바꿔 끼우는 등 청소할 때의 세세한 요령도 알려준다. 청소기 사용 단계를 높일 때도 전원을 끈 상태에서 보호자와 함께 반복적으로 연습하는 것이 좋다.

다양한 장소에서 청소기를 돌릴 때 그 장소에서 필요한 요령들을 장소마다 구체적인 사용 방법을 만들어두면 쉽게 알려줄 수 있다.

실제로 다양한 장소에서 청소기를 돌릴 때는 그 장소에서 필요한 요령들을
장소마다 구체적인 사용 방법을 만들어두면 쉽게 알려줄 수 있다.

CHAPTER 3 자립을 위한 생활 기술

11. 걸레와 빗자루 사용하기

Program POINT

청소

- 청소는 더러워질 때마다 하는 경우가 있고, 정해진 날(요일)에 하는 경우도 있다.
- 연습 단계에서는 정해진 날마다 청소하는 것부터 시도하는 것이 좋다.
- 아이가 일련의 순서를 기억할 수 있게 되면, 아이 혼자 청소한 이후에 청소가 잘 됐는지 보호자가 체크하는 시간을 갖는다.
- 이와 같은 과정을 반복하여 아이가 점점 혼자서 할 수 있도록 한다.

ABA Program

① 걸레 닦기(걸레질)
② 빗자루 쓸기(빗자루질)
③ 광내기(물을 사용하는 곳 청소)

| 생활 기술 | 11. 걸레와 빗자루 사용하기

① 걸레 닦기(걸레질)

테이블이나 책상 위, 책장, 텔레비전 화면 등 장소나 물건에 따라 행주, 걸레, 물티슈 등 걸레질에 사용하는 도구가 달라진다. 장소에 맞는 도구를 나눠서 하나씩 연습한다.

창문과 같이 자주 청소하지 않는 장소는 연습 기회가 많지 않기 때문에 일상적인 장소를 충분히 청소할 수 있게 된 이후에 가르친다.

걸레질은 더러워진 장소만을 닦는 경우와 더러움의 유무를 따지지 않고 전체를 닦는 경우가 있다. 전자의 경우 어떤 상태일 때 걸레질을 해야 하는지를 사진으로 보여주며 구체적으로 설명한다. 후자의 경우에는 매일 똑같은 동작을 하면 되기 때문에 간단하고, 심부름으로 걸레질을 맡길 때도 쉽게 알려줄 수 있다.

행주나 걸레를 적셔서 사용할 경우 물기를 짜는 방법도 같이 연습한다. 힘을 적절히 사용하는 방법을 모르거나 손목을 유연하게 돌리지 못하는 아이는 물티슈를 사용하게 한 후, 사용한 물티슈를 쓰레기통에 버리는 단계까지 가르치면 좋다.

또한, 시간을 따로 내서 마른 천으로 손의 움직임만 반복적으로 연습하는 것도 좋다. 학교에서 물기 짜는 방법을 지도하고 있다면 교사에게 상황과 설명을 듣고 가정에서도 같은 방법으로 연습해야 아이가 혼란스러워하지 않는다.

 생활 기술

11. 걸레와 빗자루 사용하기

② 빗자루 쓸기(빗자루질)

가정에서 빗자루로 먼지를 쓸어내는 청소는 현관을 청소할 때 가장 많이 할 것이다. 빗자루로 먼지를 쓸기 전에 지면에 놓여 있는 것을 먼저 치운다고 가르친다. 빗자루를 잘 사용하지 못할 때는 보호자가 뒤에서 도와주는 등 손의 위치와 움직임을 확인하며 연습한다. 또한, 빗자루로 쓸기 시작한 위치와 쓰레기를 모아두는 위치를 미리 정해두면 같은 장소를 몇 번이고 쓸지 않아도 된다. 쓰레기를 모으는 위치는 현관의 구석으로 하거나 끈이나 테이프를 사용해서 테두리를 만들어서 구역을 나누면 쉽게 알 수 있고, 모아둔 쓰레기를 수월하게 치울 수 있다.

③ 광내기(물을 사용하는 곳 청소)

화장실, 세면대 등 물을 사용하는 장소의 청소도 매일매일 심부름으로 쉽게 시도할 수 있다. 다음 순서로 수행한다. ① 물을 끼얹는다, ② 세제를 묻힌다, ③ 수세미나 솔로 문지른다, ④ 물로 씻어내어 거품을 흘려보낸다. 이때 글자나 그림으로 사용 방법을 만들고 항상 확인하면서 수행하도록 연구한다.

순서와 항목은 청소하는 장소나 아이의 능력에 맞춰서 변경한다.

예를 들어 ②를 보호자가 해주고 ③은 수세미를 사용해서 빙글빙글 움직이며 청소 범위를 점점 넓혀가는 것도 좋다.

화장실 청소에서 변기의 물탱크나 변기 커버, 화장실 바닥의 걸레질도 아이에게 맡기고 싶을 때에는 이와 같은 항목을 청소 방법에 추가한다. 물놀이를 좋아하는 아이라면 청소하는 것을 잊고 무심코 놀이로 바꿔버리는 경우도 있다. 이럴 때는 '거품이 없어지면 수도꼭지 잠그기', '세면대에 물을 받은 뒤 10컵 정도 버리기' 등 물의 사용법을 구체적으로 정한다.

한편, 청소가 끝난 뒤에는 보상으로 아이에게 물놀이보다 매력적인 활동이나 물건을 준비해주면 청소로 쉽게 전환시킬 수 있다.

CHAPTER 3
자립을 위한 생활 기술

12. 쓰레기 분리수거 하기

Program POINT

청소

- 간단하게 쓰레기봉투에 넣기만 하면 되는 쓰레기부터 세세하게 분류해야 하는 재활용 쓰레기까지 종류가 다양하다.
- 우선 아이가 자주 버리는 쓰레기부터 분별하는 방법을 가르친다.
- 시간을 따로 만들어서 보호자와 함께 쓰레기를 하나씩 확인하면서 분류하는 연습을 한다.

ABA Program

① 쓰레기 분리하는 방법
② 쓰레기 버리는 방법

| 생활 기술 | **12. 쓰레기 분리수거 하기** |

① 쓰레기 분리하는 방법

플라스틱, 종이 등 소재의 이름이나 매끈매끈한 것, 투명한 것 등의 추상적인 표현으로는 아이가 이해하기 힘들 수 있다. 또한, 지자체에서 배부해주는 쓰레기 분류표만 보면 아이가 평소에 버리는 쓰레기에 대한 설명이 없어서 헤매는 경우도 많다. 따라서 아이에게 설명할 때는 '○○초콜릿의 포장지'와 같이 구체적인 물건의 이름을 사용하고, 쓰레기통 옆에 목록을 만들어두고 쓰레기를 버릴 때마다 확인할 수 있도록 한다.

아이에 따라서 '일반 쓰레기', '플라스틱 쓰레기'라는 명칭으로 표기하기 보다는 쓰레기 바구니에 '빨간 쓰레기, 파란 쓰레기', '○의 쓰레기, ☆의 쓰레기' 등과 같이 색깔이나 모양을 표시하면 기억하기 쉽다.

기호나 모양을 좋아하는 아이라면 분류 마크의 종류와 표시된 위치를 알려주고 쓰레기 바구니의 표시와 매칭하면서 버리는 연습을 할 수 있다.

분류하는 것을 이해하더라도 아이 혼자서는 노련하게 분류하기 어려운 쓰레기도 있다. 플라스틱에 비닐 라벨이 붙어있다면 손의 세세한 움직임이 서투른 아이는 라벨을 떼서 따로 분류하는 것이 어려울 것이다.

또한, 편의점 도시락 용기나 컵라면 용기, 종이컵 등은 깨끗하게 씻어서 버려야 한다. 이런 쓰레기는 집안에 버리는 장소를 따로 준비해두고, 보호자와 함께 닦아서 버리는 연습을 한다.

그 외에 목록에 없는 쓰레기나 분류 마크가 없는 쓰레기와 같이 버리는 방법을 모르는 쓰레기가 나왔을 때의 대처 방법도 정한다. 예를 들어 보호자에게 물어보기, 버리는 방법을 모르는 쓰레기용 상자는 따로 준비해 나중에 보호자와 확인하고 버리기 등의 방법이다.

유리병이나 우유팩 등 재활용으로 내놓는 물건의 분류 작업은 심부름으로 아이에게 맡길 수 있다. 지역에 따라서 재활용 비누나 화장지 등으로 교환할 수 있으므로 작업의 보상으로 사용할 수 있다.

| 생활 기술 | 12. 쓰레기 분리수거 하기 |

② 쓰레기 버리는 방법

집 바깥에 지정된 쓰레기장까지 가져가는 작업과 집 안 지정된 장소에 쓰레기 모아두는 작업이 있다. 두 가지 방법 모두 달력에 일정으로 적어두고 심부름으로 아이에게 맡길 수 있다. 등교할 때나 저녁을 먹은 뒤와 같이 매일 정해진 시간에 연습하면 행동을 정착시키기 쉬워진다.

쓰레기장은 쓰레기 종류에 따라 다르거나 요일에 따라 수거하는 장소가 바뀌는 경우가 있다. 미리 아이와 함께 쓰레기장의 위치나 버릴 수 있는 쓰레기의 종류를 확인하고, 아이가 익숙해질 때까지 보호자가 동행해서 연습한다. 쓰레기를 버리러 갈 때 이웃 주민과 만나는 경우도 많다. 이웃을 만났을 때 인사하는 예절도 미리 알려주고 수행함으로써 사회적인 기술을 익힐 수 있도록 한다.

쓰레기를 버리러 갈 때 이웃 주민과 만날 수 있으므로
미리 인사 예절도 알려주어 수행할 수 있도록 연습한다.

칼럼

사용 방법을 활용하기 쉬운 형태로 만든다

▎복잡한 행동을 쉽게 알 수 있도록 작게 나눈다

익혀야 할 기술을 안정적으로 실행하기 위해 환경을 조작하거나 사용하는 방법을 일러주는 것은 매우 중요하다. 방법을 알려줄 때의 핵심은 복잡한 행동을 가능한 한 구체적인 행동으로 작게 나누는 것(과제 분석)에 있다.

이때 지시는 짧게 하고, 말은 아이가 쉽게 알 수 있는 단어를 사용한다. 특히 '동사'는 아이가 잘 아는 쉬운 말을 사용하고, 언어만으로는 이해하지 못하는 경우에는 그림이나 사진을 넣고 화살표로 순서를 알려준다. 예를 들어 다음과 같다.

['컵라면 조리하기' 방법]
① 컵라면 겉의 비닐을 벗긴다.
② 뚜껑을 반 정도 벗긴다.
③ 전기포트의 뜨거운 물을 컵용기에 그려진 선까지 붓는다.
④ 컵용기의 뚜껑을 닫고 3분 기다린다.
⑤ 컵용기의 뚜껑을 열어서, 모두 벗기고 먹으면 완성!

하지만 아이에 따라서 ③이나 ④에서 막히는 경우가 있을 것이다. 그럴 때는 ③을 '③ 전기포트의 버튼을 눌러서 입구를 연다, ④ 전기포트를 컵용기 가깝게 가져간다, ⑤ 뜨거운 물을 컵용기에 붓는다, ⑥ 뜨거운 물을 컵용기의 선에서 멈춘다'와 같이 세세하게 나눠서 알려준다.

④는 시계를 읽지 못하는 아이라면 '④ 컵용기 뚜껑 위에 젓가락을 올린다, ⑤ 타이머의 3(3분)을 누른다, ⑥ 시작 버튼을 누른다, ⑦ 삐삐삐 하고 울리면 타이머를 멈춘다'와 같이 쿠킹타이머를 사용하여 아이가 쉽게 할 수 있는 방법을 연구한다.

이 책에서 소개하는 다양한 기술은 집에서 사용하는 방법을 만들 때 참고할 수 있도록 방법과 과제 분석의 예시를 같이 다루고 있다. 하지만 이는 어디까지나 참고사항이다. 아이마다 발달과 특성이 다르므로 가정에서 아이에게 맞춰서 단계를 연구한다.

▎아이 스스로 보고, 행동하는 것을 촉진한다

사용하는 방법이 자세히 적힌 것을 들고 다니기 쉽도록 카드로 만들어서 링으로 고정하기, 투명 비닐 파일에 넣기, 일람표로 만들어서 사용하는 장소에 붙이기 등 상황에 따라 사용하기 쉬운 형태로 만들어서 활용한다. 체크 칸이 없는 형태라면 내구성을 높이기 위해 코팅하는 것도 좋다. 또 사용하는 방법을 휴대전화나 아이패드, 태블릿으로 보여주는 방법도 있다. 무엇이든 아이가 알기 쉬운 방법으로 시도한다.

사용 방법이 적힌 것을 사용해 지도할 때 유의사항은 아이에게 힌트를 직접 말하지 않아야 하고, 사용 방법을 손가락으로 가리켜서 아이가 스스로 보면서 행동하도록 한다. 아이가 행동을 습득하면 방법이 적힌 것을 보지 않으려고 할 수도 있다. 그렇더라도 일단 아이가 하는 대로 맡긴다. 그 행동을 잊어버리거나 하지 못하게 됐을 때 다시 방법을 찾아보게 한다.

CHAPTER 4

생활의 질을 높이는 여가 기술
(취미/자립 연습)

...

여가활동은 인생을 풍요롭게 하기 위해
가장 필요하고 중요한 기술이다. 적절한 여가활동 기술을
얻는다면 문제행동의 빈도를 줄일 수 있다.

방학 등 장기간 휴일이 시작되면 아이가 집에 있는 시간이 길어진다. 그런 아이를 온종일 돌보느라 힘들고 우울하다는 보호자의 하소연을 들을 때가 많다. 여가활동은 인생을 풍요롭게 하기 위해 가장 필요하고 중요한 기술이다. 아이가 적절한 여가활동을 즐길 수 있다면 문제행동의 빈도를 줄일 수 있다.

❶ 혼자서 즐길 수 있는 시간

자폐 스펙트럼 아이는 대부분 유아기부터 '모두와 함께 놀기'를 할 수 있도록 유치원이나 학교에서 목표를 세우고 그에 맞춰 학습한다. 하지만 어른이 되면 많은 사람과 함께 놀 기회가 생각보다 많지 않다. 따라서 자신에게 맞는 활동을 하면서 혼자 보내는 시간, 즉 여가활동이 필요하다. 사춘기부터는 '혼자 놀기'가 아이의 발달을 방해하는 것이 아닌 인생의 즐거움 중 하나이자 생활의 질을 높여주는 활동이라고 생각을 바꿀 필요가 있다.

여기서 소개하는 프로그램 중에서 아이가 흥미를 갖는 활동부터 그 대상 범위를 넓혀나간다. 연령에 따른 적절한 여가활동과 그 지도 방법을 설명하였으니 아이에게 맞는 것부터 시도한다. 프라모델 만들기 또는 악기 연주를 시각적 지원을 활용하여 지도할 수 있도록 소개하였다. 이 방법은 학교의 미술시간이나 음악시간에도 사용할 수 있다.

단순히 집단의 일원으로 여가활동을 체험하는 것뿐만 아니라 활동 여부를 스스로 결정하는 것부터 도구의 준비, 활동, 정리까지 체계적이고 개별적으로 알려줌으로써 해당 기술을 확실하게 아이의 것으로 만들 수 있다.

필자가 대학에서 지도한 아이들을 보면 취미로 악기 연주나 프라모델, 자수나 손뜨개, 사진 찍기 등을 즐겨 하였다.

❷ 인터넷의 특징과 위험성 알기

인터넷을 사용할 수 있다면 여가활동이나 정보를 매우 효과적으로 얻을 수 있다. 지적장애를 동반한 자폐 스펙트럼 아이도 좋아하는 애니메이션 캐릭터나 교통기관의 홈페이지, 다양한 동영상 사이트 등을 보면서 즐길 수 있다.

하지만 한편으로 인터넷을 잘못 사용하면 피해가 발생할 위험성이 있다. 이 위험에 대한 예방을 게을리하거나, 아이에게 위험성을 알려주지 않고 인터넷 사용을 허락하면 아이는 인터넷을 자제하지 못하고 마음껏 사용하고 싶어하므로 보호자와 트러블이 발생할 수 있다.

특히 인터넷상의 의사소통은 상대의 모습이나 행동, 표정과 같은 비언어적인 단서가 제한된다. 게다가 비유, 빈정거림, 농담 등 문장의 숨은 의미를 읽어내기 힘든 자폐 스펙트럼 아이의 경우 이를 오해해서 속거나 상처받는 경우도 많다.

또한, 인터넷을 여가활동의 수단을 넘어 현실도피의 수단으로 장시간 사용하는 경우도 생긴다. 그러면 낮과 밤이 바뀌는 등 생활 리듬이 흐트러지거나 자칫 광고에 속아서 고액 상품을 결제하는 등 금전적인 문제에 휘말릴 수도 있다. 요즘 아이들에게 인터넷을 사용하는 방법을 가르치는 것은 유아기부터 해야 하는 과제가 되었다고 해도 과언이 아니다.

▎보호자도 위험성을 배우자

평소 이메일이나 정보 수집의 수단으로만 인터넷을 활용한다고 해도 악성댓글과 비속어가 넘치는 게시판이나 성인용 사이트에 한 번도 들어가보지 않은 사람은 없을 것이다. 그만큼 인터넷을 하면 유해한 사이트를 쉽게 접할 수 있으므로 컴퓨터나 휴대전화를 아이에게 허락하기 전에 보호자와 교사가 인터넷의 특성이나 위험성에 대해서 충분히 학습해두는 것이 굉장히 중요하다.

아이에게 해를 끼칠 가능성이 있는 사이트는 컴퓨터의 브라우저 설정이나 필터링으로 제한하고, 스마트폰이라면 '유해 사이트 진입 제한 서비스' 등을 사용해서 어느 정도 차단할 수 있다. 하지만 이런 설정도 위장된 사이트에는 무력하기 때문에 완벽하게 차단할 수는 없다는 것을 이해하고 있어야 한다.

자극적인 소문이나 사진이 있는 게시판이나 인터넷 게임 혹은 동영상 사이트는 아이가 빠져들기 쉽다. 이러한 사이트들은 직접적으로는 유해하지 않을 수도 있지만 다양한 사람이 자유롭게 글을 쓰고 사진을 올릴 수 있는 게시판이라면 아이가 쓴 게시글에 악성댓글이 달릴지도 모른다. 채팅 기능이 있는 인터넷 게임에서는 대전 상대나 동료를 속여서 개인정보를 빼내는 경우가 있고, 빼낸 개인정보를 활용해 금전적 피해를 입히는 경우도 있다. 또한, 동영상 사이트는 채팅 기능이나 댓글로 상대를 비방하거나 상처를 줄 수 있고, 댓글의 링크를 통해 유해 사이트로 연결되는 경우도 있다.

직접적으로 들어오는 시각 정보는 자폐 스펙트럼 아이가 쉽게 이해할 수 있는 정보여서 도움이 될 수 있지만 한편으로 피해를 입었을 때 후유증이 오래가기 때문에 주의가 필요하다.

▎환경설정과 행동계약 맺기

컴퓨터는 인터넷 필터링 프로그램을 사용하는 것 외에도 거실이나 보호자의 방 등 보호자가 확인하고 관리하기 쉬운 장소에 설치한다. 필터링 프로그램에서 아이가 사용한 이력이나 시간을 확인할 수 있다. 브라우저 설정에서도 아이가 어떤 페이지를 이용했는지 확인할 수 있다. 특히 스마트폰은 인터넷에 쉽게 접근할 수 있고 보호자가 관리하기도 어렵다. 스마트폰은 인터넷에 대한 이해와 자기관리를 할 수 있을 때까지는 필요한 기능만 사용할 수 있도록 제한하거나 전화 기능만 되는 휴대전화를 추천한다.

휴대전화를 개통하는 목적이 보호자와 연락하기 위해서라면 연락할 때 필요한 기능만으로 제한하고 귀가 후에는 보호자에게 맡기도록 하는 것도 좋다.

스마트폰으로 인터넷을 이용할 때 '유해 사이트 접속 제한 서비스'를 활용하고, 아이의 인터넷 사용 시간과 접속 사이트를 종종 확인할 필요가 있다. 최근에는 인터넷에 접속할 수 있는 게임기도 늘어났기 때문에 반드시 아이와 구체적인 규칙을 정한 뒤에 사용하도록 한다.

규칙을 정할 때는 사용하는 시간, 사용 장소, 목적을 명확하게 정한다. 이를 지키지 못했을 때의 패널티를 '위반했을 경우에는 서버 계약 중단', '일주일 동안 보호자가 마우스를 맡아두기' 등 구체적으로 정한다.

이러한 규칙은 모두 아이와 함께 정한다. 결정사항은 행동계약서를 만들어 반드시 아이도 서명하게 한다. 계약을 지키고 있는지 아닌지도 아이와 함께 확인한다.

❸ 심부름으로 앞으로의 노동과 보수의 관계를 가르친다

돈의 가치를 책상에서의 공부만으로 다 알려줄 수는 없다. 노동의 가치는 일의 내용 자체와 의욕, 그에 대한 보수로 성립되어 있지만 과제로써 노동과 돈의 가치를 가르치기란 상당히 어려운 일이다. 심부름은 앞으로의 노동과 보수의 관계를 알려주는 좋은 기회다. 처음에는 토큰경제를 도입해서 알려주고, 그 다음엔 보상받은 것을 돈으로 바꾼다. 처음에는 일급부터 시작하여 주급, 월급으로 조금씩 통합하여 보수를 얻을 수 있도록 이 토큰경제의 단계를 높여간다. 또한, 통합된 보수를 받았을 때는 금액이 커지므로 받은 보수를 스스로 관리할 수 있도록 가르친다.

13. 손으로 만들기 작업

> **Program POINT**
>
> **취미**
> - 단순히 좋아하는 것을 수집하는 것뿐만 아니라 직접 '만들기' 활동을 겸하면 즐거움의 폭도 넓어지고 오래도록 즐길 수 있다.
> - 사용할 재료는 심부름이나 금전 관리와 연계해서 용돈으로 사게 하는 것이 좋다.

> **ABA Program**
>
> ① 종이공작
> ② 프라모델(조립하기)
> ③ 수수깡 만들기

 여가 기술　　　　　　　　　　　　　　　　**13. 손으로 만들기 작업**

① 종이공작

종이 공작은 간단하게 만들 수 있는 것부터 복잡한 것까지 종류가 매우 많다. 처음에는 오리기, 접기, 붙이기 같은 간단한 작업으로 성취감을 얻을 수 있다.

아래의 사이트에서 다양한 종이 공작패턴을 무료로 다운로드 받을 수 있다. (이를 프린트 하여 사용한다. 일본 사이트지만 웹브라우저의 '번역' 기능을 활용하면 된다. 또한 국내에서는 대형 마트와 서점, 인터넷에서 다양한 종이공작 책을 판매하고 있으니 이를 활용한다.)

[탈 것이나 동물 등의 종이공작 그림을 다운로드할 수 있다.]

キッズ@nifty 공작·수공예

http://kids.nifty.com/handmade/

[철도회사의 홈페이지에서 지하철, 기차 등을 다운로드할 수 있다.]

예시: 서일본여객철도주식회사 철도팬코너 종이공작

http://www.westjr.co.jp/fan/paper/

처음에는 간단하게 만들 수 있는 것으로 선택하고, 오려낼 부분은 빨간색으로, 접을 부분은 파란색으로 하는 등 색깔로 구분할 수 있게 표시한다.

풀로 붙일 곳은 손으로 누르는 시간(예를 들면 15초)을 사전에 정해두는 것이 좋다.

풀은 떨어지지 않도록 접착력이 강한 제품을 사용하는 것을 추천한다.

 여가 기술

13. 손으로 만들기 작업

② 프라모델(조립하기)

　프라모델은 플라스틱 모형의 줄임말로 아이가 좋아하는 캐릭터나 아이템이 있다면 단순히 수집하는 것을 넘어서서 실제로 만드는 경험을 할 수 있도록 해준다. 완성하면 성취감이 생기고, 완성된 작품을 카메라로 촬영하는 등 다양한 기술과 연계할 수 있어 여가시간을 보다 충실하게 보낼 수 있다.

　일본의 로봇 캐릭터인 건담 프라모델(건프라)과 사륜구동 미니카 조립을 예시로 설명하겠다.

　이런 종류는 처음에는 요령을 몰라 고생하고 좌절할 수 있다. 그러나 한 번 만드는 데 성공하면 이후에는 캐릭터나 종류가 조금 다르더라도 만드는 방법은 거의 똑같기 때문에 만들면 만들수록 실력이 늘어난다.

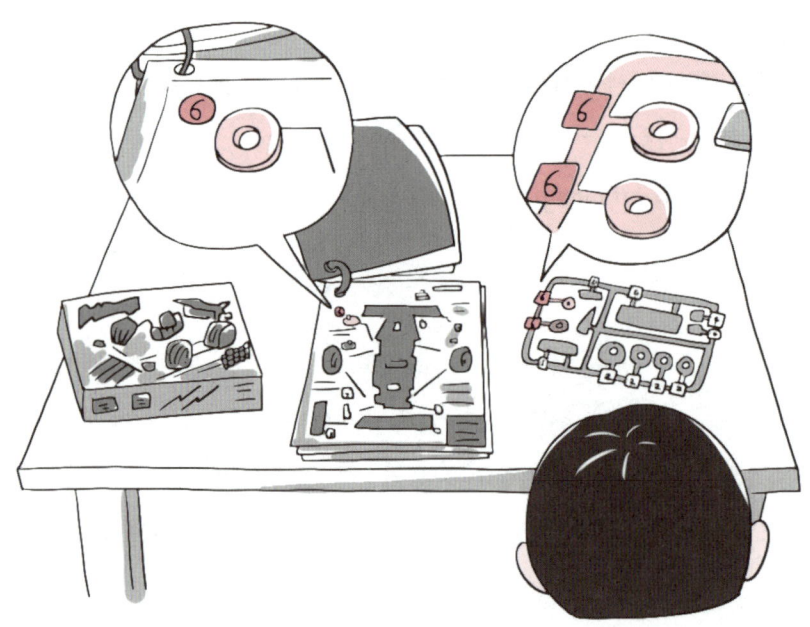

프라모델의 설명서와 조립품 테두리에 적혀 있는 번호가 매우 작아서 보기 힘들기 때문에
스티커에 숫자를 크게 적어 설명서와 조립품의 테두리 양쪽에 붙여서 보기 쉽게 한다.

 여가 기술

13. 손으로 만들기 작업

　미니카는 조립품 개수가 대체로 비슷하지만, 건프라는 모델에 따라 크기와 종류가 다양하기 때문에 일단 가격이 저렴하고 조립품 개수가 적은 것부터 시작한다.

　프라모델의 기본은

① 설명서와 조립품의 테두리에 적혀 있는 번호를 매칭시킨다.

② 번호가 같은 조립품을 테두리에서 잘라낸다.

③ 조립품끼리 조합해서 조립한다.

와 같은 과정을 반복하는 식이다.

　하지만 설명서와 조립품 테두리에 적혀 있는 번호가 매우 작고 보기 힘들기 때문에 처음에는 스티커에 숫자를 크게 적어 설명서와 조립품의 테두리 양쪽에 붙여서 쉽게 볼 수 있도록 한다.

　사륜구동 미니카는 모터나 기어를 장착하는 부분이 다소 어려우므로 처음에는 보호자가 해주는 것이 좋다. 조립 역시 여가활동이기 때문에 아이가 모든 것을 혼자서 완성하는 것만을 목표로 할 필요는 없다. 보호자가 도와주는 부분이 생기면 아이와 대화할 기회로 삼는다.

　일반적으로 설명서는 한 장으로 되어있기 때문에 조립 순서에 따라 잘라서 오른쪽 위에 구멍을 뚫고 링으로 고정해서 볼 수 있게 만들거나 순서 카드로 만들어둔다. 그렇게 하면 조립품을 한 번에 다 떼어내어 순서를 알 수 없게 되는 일도 막을 수 있다.

　만들기를 시작하면 도중에 멈추기 힘들어하는 아이도 있다. 그런 경우 아이가 조립에 집중할 때의 시간을 생각해서 미리 적당히 사용하는 방법을 나누어 두는 것이 좋다.

　처음에는 설명서 번호와 같은 번호의 조립품을 테두리에서 자른다. 잘라낸 조립품을 설명서의 그림과 같은 방향으로 위에 올려놓는다. 필요한 조립품을 모두 올려놓은 뒤에 설명서에 따라 순서대로 조립한다.

　완성한 프라모델은 배경을 만들어서 사진을 찍거나 친구와 비교하며 즐길 수 있다. 또한, 완성품도 자기 나름대로 개조할 수도 있어서 취미로 즐기기에 적당하다.

 여가 기술

13. 손으로 만들기 작업

③ 수수깡 만들기

수수깡 공작은 알록달록한 수수깡을 여러 개 붙여서 연필통 등 원하는 모양을 만드는 활동이다. 시중에 나와 있는 다양한 종류의 수수깡을 이용하면 된다. 수수깡을 직접 만든다면 종이를 얇고 길게 말아서 파이프 모양으로 만든다. 종이를 둥글게 말 때 심이 되는 봉(둥글게 만든 뒤에 뺀다)은 두꺼운 것부터 시작해서 서서히 얇은 것으로 바꿔나간다. 아이가 어려워할 때는 보호자가 도와주면서 작업을 수행하면 쉽게 요령을 얻을 수 있다. 만든 수수깡에 색깔을 입힐 때는 주변에서 쉽게 구할 수 있는 물감이나 마커로 색칠하여 완성한다.

다음은 우유팩으로 연필꽂이 만드는 방법이다. 빈 우유팩을 원하는 길이로 자른 후 깨끗이 씻어 말린다. 우유팩 옆면에 원하는 색깔의 수수깡을 촘촘히 붙인다. 수수깡을 붙이기 전에 우유팩에 붙일 곳과 방향을 표시해두면 쉽게 작업할 수 있다. 조금 두꺼운 수수깡에 펀치로 구멍을 뚫어서 얇은 수수깡을 통과시키면 손잡이로도 사용할 수 있다.

[우유팩과 수수깡으로 연필꽂이 만들기]

우유팩에 알록달록한 수수깡을 잘라서 붙인다

수수깡을 붙이기 전에 우유팩에 붙일 곳과 방향을 표시해두면 쉽게 작업할 수 있다.

CHAPTER 4 생활의 질을 높이는 여가 기술

14. 악기·뜨개질·종이접기

Program POINT

취미

- 악보를 읽지 못하더라도 악기로 여러 가지 음악을 연주할 수 있다.
- 취미나 여가활동과 마찬가지로, 아이가 흥미를 갖고 관심을 보이는 것부터 시작해서 다양한 종류를 경험하게 한다.
- 사용 방법을 활용하거나 아이의 미숙함, 부주의가 자주 나타나는 상황에 맞춰 방법을 꾸준히 연구하여 보완해 나간다.

ABA Program

① 악기 연주
② 뜨개질
③ 종이접기

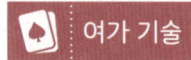 여가 기술

14. 악기·뜨개질·종이접기

① 악기 연주

다음은 피아노 연주를 가르치는 방법이다. 키보드에 도부터 높은 도까지 각각 다른 색깔의 스티커를 붙인다. 악보에도 그 음에 맞춰서 같은 색깔의 스티커를 붙인다. 색깔 매칭을 할 수 있는 아이라면 간단한 곡은 금방 칠 수 있게 된다.

아이의 손가락에 숫자 스티커를 붙여서 악보나 건반과 매칭하면서 손가락 사용하는 방법을 같이 가르칠 수 있다. 익숙해지면 스티커는 붙이지 않아도 된다. 실로폰이나 기타, 우크렐레 등의 악기도 같은 스티커 색깔끼리 매칭하는 방법으로 가르칠 수 있다. 특히 우크렐레는 크기가 작고 현의 개수도 적기 때문에 쉽게 시작할 수 있다.

키보드와 악보의 같은 음에 같은 색깔의 스티커를 붙여둔다.
색깔 매칭을 할 수 있으면 간단한 곡은 금방 칠 수 있다.

 **여가 기술**

14. 악기·뜨개질·종이접기

 다음은 우쿨렐레 연주법의 예시다. 악보에 있는 코드에 색깔 스티커를 붙이고 현의 아래(나무 부분)에 같은 색깔의 스티커를 붙여두면 악보와 매칭해 그곳을 누르면서 코드를 칠 수 있다. 하지만 눌러야 하는 곳이 많은 코드는 손가락을 움직이는 방법을 연습할 필요가 있다. 보호자가 먼저 시범을 보여주면서 가르친다. 오른손의 스트로크(위 아래로 움직이는 것)는 손 박자에 맞춰서 리듬 타는 연습도 한다.

 처음에는 간단한 코드부터 연습한다. '생일 축하합니다'처럼 간단하게 연주할 수 있고, 연주했을 때 모두가 기뻐하며 큰 반응을 해주는 노래가 좋다. 연습하는 도중이라도 발표할 기회를 만들어 주위에서 칭찬받을 수 있도록 한다.

② **뜨개질**

 대바늘을 사용하지 않고도 컵받침이나 머플러, 작은 주머니 등을 만들 수 있는 간단한 뜨개질 방법을 소개한다. 다음은 컵받침을 만드는 예시다.

 준비할 재료는 두꺼운 종이(세로 12cm×가로 12cm), 털실(처음에는 두꺼운 것을 사용), 포크, 플라스틱 꽂말(얇고 긴 말뚝 모양), 가위, 투명테이프다.

 다음 단계는 사용 방법을 만드는 것이다. 다음 페이지의 그림을 참고해서 보호자가 먼저 만들어보고, 과정마다 사진을 찍어 사용 방법을 만든다.

 털실이 두 가지 색인 경우, 꽂말과 털실의 색을 똑같이 맞춰서 '빨간색 꽂말은 빨간색 털실 위, 하얀색 꽂말은 하얀색 털실 위를 지나간다'와 같은 규칙을 만든다.

 또한 '세로 방향의 털실 색깔과 같은 색의 가로 방향 털실은 위로 넣기'와 같은 규칙을 정해두면 도중에 실이 빠져있는지 아닌지 쉽게 확인할 수 있다.

 여러 가지 색깔의 털실을 사용한다면 사용하는 색깔의 숫자만큼 순서를 늘린다. 끝을 묶거나 자르는 등의 마무리 작업은 아이가 어려워할 경우 보호자가 도와준다.

 여가 기술

14. 악기·뜨개질·종이접기

처음에는 컵받침 같이 작은 것을 만들고 이를 완성하면 다음 단계로 목도리, 나아가 목도리처럼 길게 만든 것을 반으로 접어서 양 끝단을 묶은 주머니 등으로 조금씩 발전시켜 나간다.

[대바늘 사용하지 않고 컵받침 만들기]

①
1.5cm 정도 / 1cm 정도 / 털실과 같은 색깔을 칠한다

두꺼운 종이에 세로 방향으로 칼집을 낸다. 털실을 끼울 곳에 칼집을 낸 후에는 털실과 같은 색깔로 표시한다.

② 끝을 잘라둔다

칼집 낸 곳에 털실을 끼워서 세로 방향으로 세팅한다.

③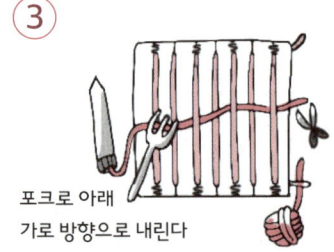
포크로 아래 가로 방향으로 내린다

풋말에 털실을 투명테이프로 붙여서 가로 방향을 짠다. 끝까지 간 뒤에 풋말에서 털실을 빼고 반대편의 털실을 자른다. 포크를 사용하여 짠 털실을 아래로 끌어내린다.

④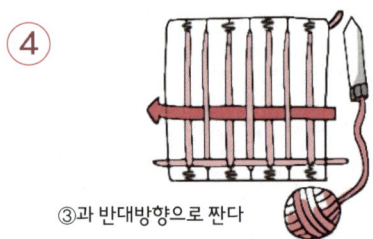
③과 반대방향으로 짠다

② 가로 방향의 털실을 ③과 똑같은 순서로 짠다. ③세로 방향의 '아래→위→아래'와 같이 가로 방향의 털실을 통과시킨 뒤에 2번째 '위→아래→위'와 같이 반대로 짠다.

⑤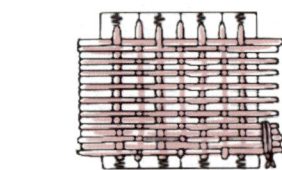
5개씩 묶기

③과 ④를 반복한다. 가장 위까지 털실을 짠 뒤에 가로 방향을 5개씩, 세로 방향을 2개씩 다른 실로 묶는다. 세로 방향이 남았을 때는 가로 방향과 묶는다. 털실의 끝을 가위로 잘라서 정리하면 완성된다.

 여가 기술

14. 악기·뜨개질·종이접기

③ 종이접기

시중에 판매되는 종이접기 책에는 다양한 종이접기의 순서와 사진, 설명이 적혀 있다. 그것을 참고하여 아이가 더 알기 쉬운 사용 방법을 만든다. 실제로 보호자가 만들어보면서 각각의 과정을 사진으로 찍어서 사용 방법에 붙이는 것도 좋다. 이때 사용 방법에는 원하는 모양을 만들기 위해 어떻게 접어야 하는지가 잘 보이도록 한다. 구체적으로 안쪽접기는 파란선, 바깥쪽접기는 빨간선, 접었을 때 겹치는 면은 같은 색깔로 표시하기 등으로 표시해서 바로 이해할 수 있게 한다.

다음 단계로 보호자가 사용 방법대로 종이를 접어보면서 접거나 겹치는 위치에 사용 방법과 똑같이 파란선, 빨간선 색깔로 표시한다. 완성하면 다시 펼쳐서 접기 전의 색종이 상태로 돌려놓는다. 접는 선이나 표시가 눈에 띄고, 이미 접힌 선이 힌트가 되므로 아이가 쉽게 작품을 만들 수 있다. 접힌 선과 표시가 그려진 종이로 바로 접는 데 성공하면 다음에는 접힌 선이 없는 새 종이를 주고 만드는 방법만 보고 만들 수 있도록 한다.

['종이접기 순서' 예시]

① 반으로 접기
② 이렇게 된다
③ 반으로 접기
④ 이렇게 된다
⑤ 위에 한 장을 뒤집어서 산 모양으로 접기
⑥ 이렇게 된다

보호자가 미리 사용 방법대로 종이를 접어보면서 색깔로 표시한 후,
접기 전의 색종이 상태로 돌려놓으면 아이가 쉽게 작품을 만들 수 있다.

15. 인터넷 안전하게 이용하기

> **Program POINT**

취미

- 인터넷을 안전하게 이용하기 위해서는 이용하는 목적이나 이용하는 시간, 장소에 대한 규칙을 아이와 함께 정한다.
- 이러한 규칙은 행동계약서로 만들어서 문서로 남긴다.
- 아이가 지키지 못할 경우에 받을 페널티도 아이의 동의를 얻은 뒤에 기입하고 규칙을 철저히 체크한다.

> **ABA Program**

① 컴퓨터 두는 장소
② 컴퓨터 사용 규칙
③ 인터넷 이용 방법
④ 블로그와 SNS 활동

 **여가 기술**

15. 인터넷 안전하게 이용하기

① 컴퓨터 두는 장소

먼저 보호자가 인터넷의 특성과 위험성에 대해서 충분히 이해하고 인지해야 한다.

인터넷을 안전하게 이용하기 위해 컴퓨터의 보안을 확실하게 한다. 보안 프로그램을 사용하면 특정 키워드가 들어간 페이지를 보지 못하게 제한할 수 있지만 이러한 방법으로 완벽하게 제한할 수는 없다는 것도 알아야 한다.

보안 설정을 했더라도 아이가 컴퓨터를 자유롭게 사용하도록 방치하면 안 된다. 인터넷 이용에 관한 규칙을 미리 정하고, 컴퓨터를 두는 장소는 가능한 한 보호자가 화면을 쉽게 볼 수 있는 거실이나 오픈된 장소로 한다. 아이가 규칙을 지키며 사용하고 있는지 확인하기 위해서 보호자가 수시로 방문한 페이지의 이력이나 사용시간을 체크하는 것도 중요하다. 지적장애가 있는 아이라면 인터넷을 사용하기 전에 기본적으로 컴퓨터와 모니터를 켜는 방법과 마우스의 조작 등을 하나하나 사진으로 찍어서 사용 방법을 만드는 것이 좋다.

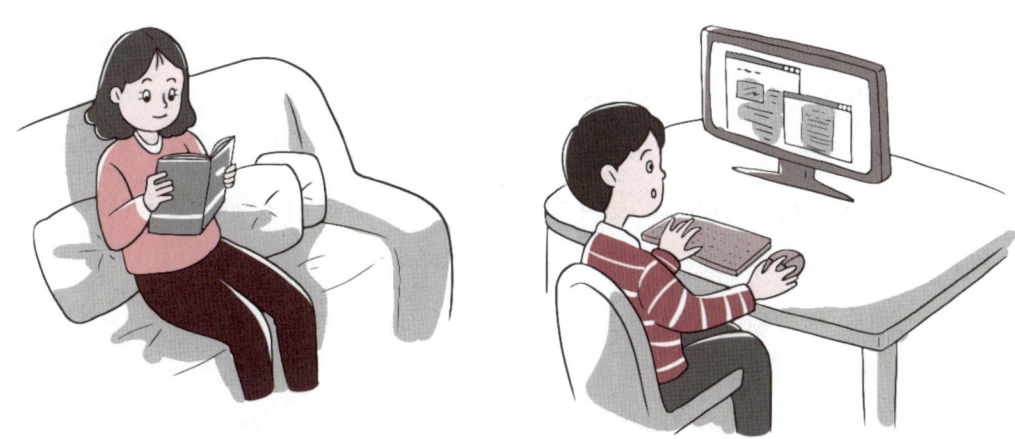

컴퓨터를 두는 장소는 가능한 한 보호자가 화면을
쉽게 볼 수 있는 거실이나 오픈된 장소로 한다.

 여가 기술

15. 인터넷 안전하게 이용하기

② 컴퓨터 사용 규칙

아이와 함께 인터넷을 안전하고 즐겁게 이용하기 위한 규칙을 정하고 행동계약서를 만든다. 이용 목적, 이용 시간, 이용 방법, 페널티를 구체적으로 생각한다.

이용 목적은 원하는 정보를 찾기 위해서, 메일을 보내거나 블로그를 쓰기 위해서, 동영상을 보거나 음악을 듣기 위해서 등을 아이와 함께 정한다. 목적이 정해졌다면 검색할 때 이용하는 홈페이지를 사용할 때마다 일일이 주소를 입력하지 않아도 되도록 '홈화면'으로 등록하거나 '즐겨찾기'에 등록해둔다. '홈화면'으로 등록하면 웹브라우저를 열면 바로 보이고, '즐겨찾기(북마크)'에 등록하면 클릭만 하면 그 웹페이지로 이동하기 때문에 다른 정보나 유혹에 빠지지 않고 바로 검색할 수 있다.

이용 시간도 사전에 반드시 정한다. 이용할 시간대나 요일을 정해서 아이의 주간 생활 스케줄에 인터넷 접속 시간을 미리 정해둔다. 이것이 습관화되기 전까지는 아이가 혼자서 컴퓨터를 사용하지 못하도록 비밀번호를 설정한다. 또한 보호자가 집에 함께 있는 시간대에 컴퓨터를 켜서 이용하도록 한다. 그래야만 곤란한 상황이 생기더라도 보호자가 바로 대처할 수 있다. '이용하기 전에 보호자에게 부탁하기', '숙제를 끝낸 뒤에 이용하기' 등 인터넷을 이용할 때의 규칙은 각 가정과 아이에 맞게 정한다. 아이와 함께 정한 규칙들은 시각적으로 한눈에 볼 수 있게 만들어서 컴퓨터 옆에 붙여둔다.

보호자가 확인했을 때 아이가 규칙을 지키며 적절히 이용하고 있다면, 다음은 아이에게 맡겨서 스스로 규칙을 잘 지키고 있는지 체크하도록 한다. 물론 아이가 규칙 확인을 올바르게 하고 있는지에 대해서는 보호자가 틈틈이 확인해야 한다.

특히 페널티를 정할 때는 반드시 아이와 상의해서 정한다. 예를 들어 '이용 시간을 넘어서도 계속 사용한 경우', '보호자에게 부탁하지 않고 마음대로 컴퓨터를 켠 경우'라면 '다음 번 인터넷 사용을 하지 못한다' 등의 엄격한 페널티를 정한다. 하지만 아이 자신이 규칙을 지키지 않은 것을 자각하지 못하는 단계에서는 보호자가 '규칙을 지키지 않았기 때문에 인터넷은 할 수 없어'라고 말하면 아이가 화를 내는 경우도 적지 않다.

 여가 기술

15. 인터넷 안전하게 이용하기

그것을 방지하기 위해서 반드시 아이와 함께 규칙을 정하고 이를 시각적으로 표시해야 하며, '이 규칙을 지키지 못했을 때는 인터넷을 사용할 수 없는 거야'와 같이 충분히 설명해서 아이가 납득한 뒤에 페널티를 실행하도록 한다.

'인터넷 사용에 여러 가지 제한을 두면 보호자가 인터넷을 사용하기 힘들어지기 때문에 제한을 풀게 된다'라는 하소연을 듣는 경우도 많다. 하지만 아이에게 인터넷의 위험성을 알려주고 지켜야 할 규칙을 말해주는 것만으로는 충분히 대비하고 있다고 할 수 없다. 인터넷을 안전하게 사용하기 위해서 프로그램을 설치한 것이고, 아이가 규칙을 지키도록 하고 싶다면 보호자도 이를 지키려는 마음가짐이 필요하다.

[인터넷 이용의 규칙 예시]

(음악 듣는 것을 좋아하는 아이의 경우)

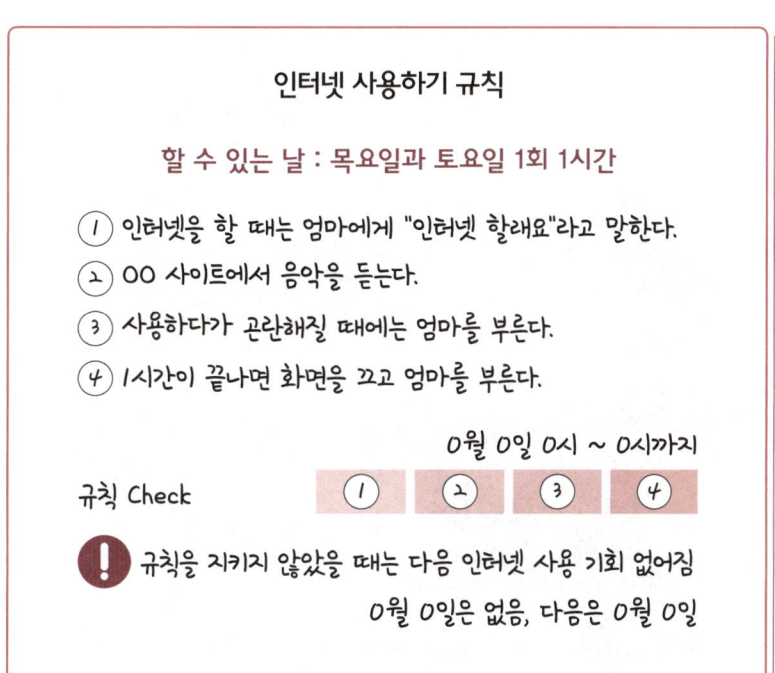

여가 기술

15. 인터넷 안전하게 이용하기

③ 인터넷 이용 방법

인터넷은 다양한 목적으로 사용할 수 있지만, 가정에서는 대부분 '여가활동'의 수단으로 이용하고 있을 것이다. 먼저 좋아하는 가수의 음악을 듣고, 동영상 사이트에서 좋아하는 영상을 보는 등 아이가 원하는 인터넷 이용 목적이 무엇인지 물어보고 정한다. 그리고 보호자는 아이가 자주 찾는 홈페이지를 '즐겨찾기'에 등록한다. '즐겨찾기'를 통해서 바로 그 웹페이지에 들어간다면 아이가 안전하지 않은 페이지에 접속할 위험을 줄일 수 있다.

인터넷에서 자료를 찾거나 쇼핑이나 인터넷뱅킹 등 금전적인 부분이 관계된 경우는 반드시 보호자와 함께 사용하기 등의 규칙을 정해둔다.

또한 음악 사이트나 동영상 사이트에서 애용하는 파일은 다운로드하여 바탕화면에 정리해두면 매번 인터넷에 접속하지 않더라도 언제든 컴퓨터를 켜면 즐길 수 있다. 사이트에 접속하는 것보다 음악이나 동영상을 안전하게 즐길 수 있는 방법이다.

음악 사이트나 동영상 사이트에서 애용하는 파일은 다운로드하여 바탕화면에 정리해두면 매번 인터넷에 접속하지 않더라도 언제든 보고 싶을 때 즐길 수 있다.

15. 인터넷 안전하게 이용하기

④ 블로그와 SNS 활동

학교를 졸업한 뒤에는 자신의 생각을 글로 적을 기회가 줄어든다. 매일매일 일어난 일을 블로그나 SNS에 일기처럼 적는다면 글을 쓸 기회가 생기고, 학교를 졸업한 뒤에도 블로그를 통해서 선생님이나 친구와 대화할 수도 있다.

아이가 블로그를 사용하고 싶어한다면 먼저 글쓰기 화면이 나올 때까지의 과정을 방법 카드를 만들어서 가르친다.

글쓰기 화면이 나오면 원하는 문장을 입력한다. 입력이 끝나고 작성한 게시글을 블로그에 올리는 과정은 보호자가 해주면서 아이가 작성한 글의 문장이나 문법이 적절한지 확인한다.

또한, 타인의 댓글에 대해 답변(대댓글)을 적는 경우에도 적절한 답변을 작성했는지 확인할 수 있다.

그런데 블로그를 사용할 때는 주의해야 한다. 블로그는 메일이나 채팅처럼 특정 상대에게 메시지를 보내는 것이 아니기 때문에 그 내용을 누가 읽을지, 누가 어떤 내용의 댓글(감상, 의견, 질문 등)을 적을지 알 수 없다.

아이의 게시글에 댓글이 달렸을 때는 보호자에게 보고하고, 모르는 사람이 쓴 댓글이라면 답장을 하지 않고 삭제하기 등의 규칙을 아이와 함께 정해두는 것이 좋다.

아예 댓글 작성을 막아두거나 블로그 주소를 가족이나 친구에게만 알려주고 친구로 등록된 사람만 볼 수 있도록 하기 등의 대책을 해두면 더 안전하게 이용할 수 있다.

블로그에 게시글을 올릴 날짜를 스케줄로 정해두고 새 글을 올릴 때마다 이전 글에 새로운 댓글이 달려있는지 확인한다. 댓글이 있고 그 내용이 질문인 경우에는 답변하는 방법을 알려준다. 먼저 비공개나 서로이웃 상태로 가족이나 아이의 블로그에서 댓글을 쓰고 답변을 적는 연습을 하는 것도 좋다.

칼럼

여가 기술은 모든 기술의 기본

여가활동은 그 행동 자체가 아이에게 '강화'가 된다. 여가활동의 종류가 늘어나면 그만큼 아이가 즐거워하는 활동이 늘어나고, 이에 맞춰 의사소통이나 언어 기술을 기능적으로 높여갈 수 있다.

예를 들어 지도하던 아이에게 '프라모델 만들기'를 알려주었을 때의 일이다.

이 아이와는 대화처럼 말을 주고받기가 어려웠다. 그런데 집에서 건담 프라모델을 만들게 되면서부터 만들다가 어려운 곳이 생겼을 때 '이거 어떻게 해?'라고 형한테 질문하고, 형이 알려주면 '고마워'라고 답할 수 있게 되었다.

모르는 부분이 있더라도 좋아하는 활동이라면 스스로 지속할 수 있기 때문에 다른 사람에게 질문하는 행동이나 책이나 인터넷으로 검색하는 등의 자발적인 행동과 연결되는 것이 '여가 기술'의 특징이다. 즉 특정 여가 기술을 완벽하게 수행하는 것을 달성 기준으로 하지 않아도 된다.

컴퓨터 게임이나 휴대용 게임기를 사용하면 위와 같은 의사소통의 기회는 별로 없지만, 대신 게임을 공략하기 위해 다른 사람으로부터 기술을 전수받거나 공략집을 읽거나 인터넷을 활용해서 지식을 수집하는 등의 행동을 기대할 수 있다. 그렇게 되면 공략집 자체가 강화제가 되기도 하고, 만약 역사를 배경으로 한 게임이라면 '역사에 관련된 책'이나 '유적'도 강화제가 될 수 있다.

이렇게 아이가 좋아하는 것을 활용해서 여가 기술을 만들고 그 범위를 넓혀가는 것이 중요하다.

그러나 여가 기술에 너무 몰입하지 않도록 주의해야 한다. 여가 기술에 몰입하는 정도를 아이가 스스로 조절할 수 있도록 가르치는 것이 중요하다. 게임이나 TV 시청 같은 즐거운 활동을 정해진 시간 안에 끝내는 것은 성인이어도 어려운 일이다.

따라서 유아기부터 시간을 정해서 관리해주고 사전에 규칙을 정해서 공부 또는 심부름의 보상으로 활용하여 강화제의 기능을 갖게 한다. 그렇게 하면서 서서히 아이 스스로 관리할 수 있도록 알려준다.

이렇게 획득한 여가활동과 기술은 장래에 일상생활이나 일의 원동력이 될 것이다.

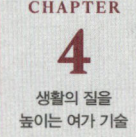

16. 심부름을 통해 취업 대비

Program POINT

자립 연습

- 가정에서도 취업에 대비해서 연습할 수 있다.
- 심부름 과제는 수행한 만큼 용돈을 받는 시스템으로, 노동과 보수의 관계를 이해시키는 것과 연결된다.
- 최종적으로는 일한 시간과 기한 지키기, 일의 질 등 평가 기준을 명확하게 알려준다.

ABA Program

① 심부름 표와 계약서 작성

② 심부름 완료 확인

 여가 기술

16. 심부름을 통해 취업 대비

① 심부름 표와 계약서 작성

특정 심부름을 한 번 할 때마다 용돈을 얼마나 받을 수 있는지 정해서 표로 만든다. 예를 들어 '화장실 청소 3,000원', '거실 청소 2,000원', '빨래 개기 1,000원'과 같다.

또한, 심부름을 시작하기 전에 심부름 계약서를 만든다. 아이와 수행할 심부름의 내용을 계약서에 적고, 심부름이 끝났을 때 보호자가 완료를 체크하고 용돈 주머니에 돈을 넣어준다. 아이는 돈이 알맞게 들어있는지 확인한 뒤 계약서에 사인하거나 도장을 찍어서 일하는 것 같은 분위기를 낼 수 있다.

처음에는 심부름을 완료한 직후에 바로 용돈을 준다. 익숙해지면 정해진 시간(예: 저녁 식사 직전)에 하루 동안의 심부름 비용을 주도록 연습한다.

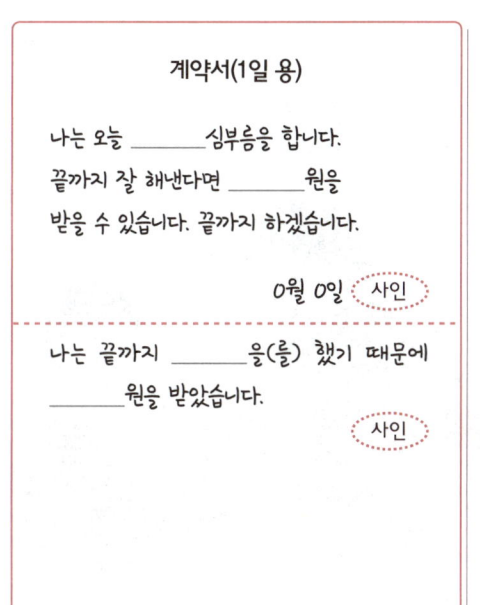

심부름을 한 번 할 때마다 용돈을 얼마나 받을 수 있는지 미리 정해서 표로 만든다.

 여가 기술

16. 심부름을 통해 취업 대비

한두 개의 심부름을 하고 용돈을 받는 것에 익숙해지면, 이번에는 일주일(처음에는 월요일부터 금요일) 동안 특정 심부름을 매일 할 경우 용돈을 얼마나 받을 수 있는지를 표로 만든다. 월요일에 이번 주에 수행할 심부름의 종류를 아이가 선택하게 한다. 심부름을 여러 개 선택해도 상관없다.

여기서도 계약서를 작성한다. 핵심은 하루를 쉬면 얼마가 감액되는지를 계약서에 작성해 두는 것이다. 그리고 쉬었을 때는 계약서에 기록으로 남긴다. 아이는 어떤 심부름을 쉬었는지 달력에 체크한다. 금요일에 심부름이 끝나면 아이가 받아야 할 금액을 계산해서 용돈 주머니에 돈을 넣어준다. 일주일 동안 매일 하는 심부름에 익숙해지면 다음 단계로는 한 달 동안 매일 수행할 심부름의 계약서를 작성한다.

일주일 동안 특정 심부름을 매일 할 경우 용돈을 얼마나 받을 수 있는지를 미리 표로 만든다.

 여가 기술

16. 심부름을 통해 취업 대비

② **심부름 완료 확인**

예를 들어 화장실 청소라면

① 화장실 세제를 변기 주변에 뿌린다. ② 솔로 문지른다. ③ 물로 헹군다. ④ 변기 주변의 물기를 화장실 휴지로 닦는다.

등의 사용 방법을 만들어 화장실 안에 붙여둔다.

화장실 청소가 완료된 상태를 나타내는 사진을 붙여두거나 아이가 하나씩 체크할 수 있도록 적어두면 심부름의 완료 기준을 쉽게 알 수 있다.

화장실 청소의 경우 완료 기준은

① 변기에 노란색이나 붉은색 얼룩이 없다. ② 바닥에 쓰레기나 머리카락이 떨어져 있지 않다. ③ 두루마리 화장지가 세팅되어 있다 등이다.

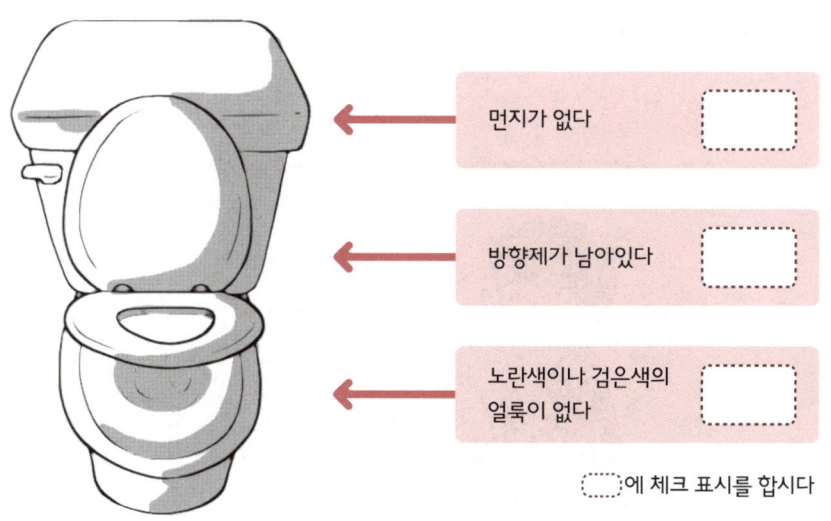

화장실 청소가 완료된 상태를 나타내는 사진을 붙여두거나
아이가 하나씩 체크할 수 있도록 적어두면 심부름의 완료 기준을 쉽게 알 수 있다.

 여가 기술

16. 심부름을 통해 취업 대비

방 청소라면

① 바닥에 쓰레기나 먼지, 머리카락이 떨어져 있지 않다.

② 방석(쿠션)이 정해진 장소에 놓여 있다.

③ 테이블 위에 아무것도 올려져 있지 않다 등이 청소 완료의 기준이다.

접시 닦기라면 완료의 기준은

① 식기에 더러운 얼룩이 붙어 있지 않다.

② 식기에 물기가 없다.

③ 마른 식기는 식기 선반에 정리되어 있다 등이다.

심부름을 대충한다면 기준이 될 만한 완료 사진을 보여주어 아이 스스로 사진과의 차이를 깨닫고 체크할 수 있도록 가르친다.

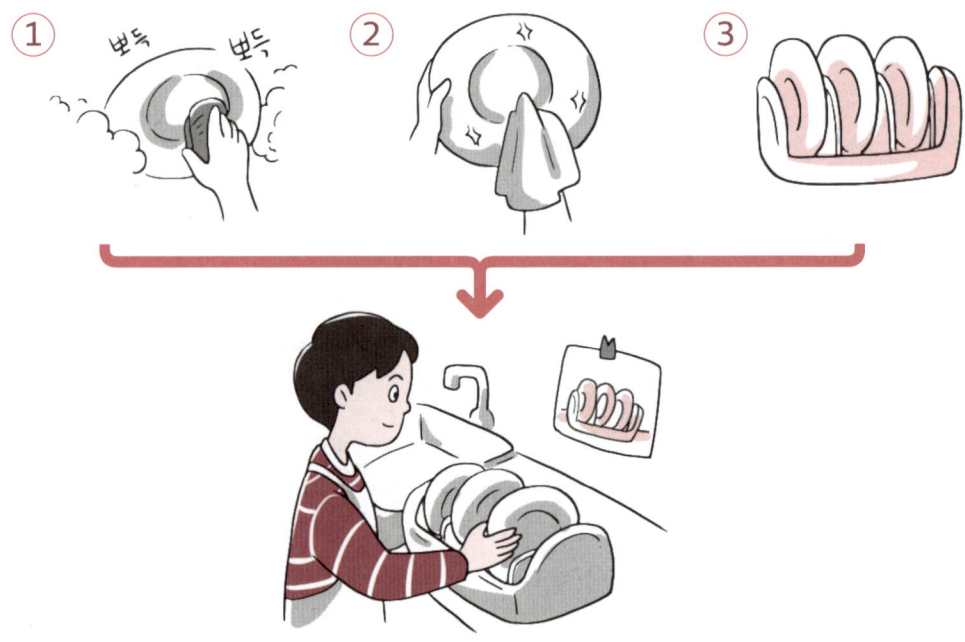

아이가 심부름을 대충한다면 기준이 될 만한 완료 사진을 보여주어 아이 스스로 사진과의 차이를 깨닫고 체크할 수 있도록 가르친다.

① 집에서 실천하고 있어요

심부름을 통해서 일의 기술을 배운다

효고현 거주 익명

계약서를 작성하고 심부름을 시도하기 시작한 것은 아들이 17살 때였다. 심부름으로는 빨래 널기와 개기, 청소, 설거지 등을 시켰다.

사회에 나가면 계약을 하고 사인을 하거나 도장을 찍어야 하는 상황이 꽤 있다. 심부름 계약서 작성은 그런 의미를 이해시키는 데 아주 효과적이었다. 도장을 찍은 행동이 자신이 승낙했다는 증거가 된다는 것을 이해시키고, 판단하기 어려울 때는 도장을 바로 찍지 않고 신뢰할 수 있는 사람에게 상의한 뒤에 하도록 연습할 수 있었다.

아들은 '대충' = '애매함'을 이해하기 어려워했기 때문에 승낙의 기준을 명확하게 알려주고, 스스로 판단할 수 없을 때는 반드시 누군가에게 질문하기를 계약서에 포함시켰다. 그리고 해내는 것도 중요하지만, 맡은 일이 제대로 안 되어 있다면 사회에서는 하지 않은 것으로 여긴다는 것도 알려주었다. 아들은 굉장히 착실한 성격이어서 어쩔 수 없는 사정으로 출근할 수 없을 때는 휴가를 신청하는 방법도 정해두었다. 업무 실패를 상사에게 보고하는 기술도 필요하다고 생각해서 가르치고 실천했다.

그 외에 업무를 평가하는 방법을 가정에서 시뮬레이션했다. 항상 칭찬해주는 사람, 눈치챘을 때만 칭찬해주는 사람, 마지막까지 조용히 있다가 완료되었을 때 칭찬해주는 사람으로 역할을 나누었다. 같은 일을 수행하더라도 상대에 따라 반응이 다르다는 것을 알려주고 싶었다. 만약 예상하지 못한 상황에서 대응하는 것이 약한 아이라면 가능한 한 여러 가지 패턴을 예측해서 가족과 대응하는 방법을 연습하는 것도 좋다. 이는 아이는 물론이고 주변 사람들의 스트레스를 감소시킬 수 있다.

CHAPTER 4 생활의 질을 높이는 여가 기술

17. 혼자서 집 지키기

Program POINT

자립 연습
- 짧은 시간 동안 혼자서 집을 지키는 것부터 시작해서 서서히 시간을 늘려간다.
- 집을 지키는 동안 어떤 활동을 해야 하는지 스케줄 표로 만든다.
- 또한, 보호자의 연락처를 알려주고 가족 외의 전화나 방문자에게 대응하지 않도록 가르친다.

ABA Program

① 혼자 집 지키는 방법
② 혼자 집 지켜야 할 때 주의사항

 여가 기술

17. 혼자서 집 지키기

① 혼자 집 지키는 방법

처음에는 아주 짧은 시간 동안 집을 지키도록 한다. 보호자가 외출한 뒤에는 반드시 돌아온다는 것과 혼자서 집을 지키면 크게 칭찬받을 수 있다는 것을 사전에 알려준다.

예를 들어 '지금부터 혼자서 집을 지키는 연습을 할 거야. ○○하면서 기다리고 있어'라고 아이에게 말한다. 기다리는 동안 할 활동은 아이가 좋아하는 것이라면 무엇이든 괜찮다. 처음에는 보호자가 현관문을 나선 직후 다시 현관문을 열고 아이를 크게 칭찬해준다. 그리고 서서히 시간을 늘려간다.

혼자서 집에 있는 시간이 10~15분 정도 가능하다면, 다음 단계는 보호자가 가까운 편의점이나 마트에 다녀오는 시간 동안 집을 지키는 것을 경험하게 한다.

예를 들어 '마트에 다녀올게. 게임하고 있어. 간식 사 올게'라고 아이에게 말한다. 필요하다면 사진이나 그림을 사용해도 좋다. 보호자를 기다리는 동안 게임 외에 시간을 보낼 수 있는 것(만화책 등)을 여러 가지 준비한다.

처음에는 집을 잘 지켰다면 언어적인 칭찬과 함께 보상을 주는 것도 동기를 높이는 방법이다. 익숙해진다면 보상을 줄이거나 없앨 수 있다.

 여가 기술

17. 혼자서 집 지키기

② 혼자 집 지켜야 할 때 주의사항

오랜 시간 집을 지켜야 할 때는 사전에 보호자의 외출 일정을 달력에 표시해서 아이에게 미리 알려준다. 달력의 해당 날짜에 보호자의 사진을 붙이고 부재를 알 수 있도록 ×표시를 하는 식이다.

[집 지키기]

시간	철수		엄마
2시	방에서 공부하기		다녀오겠습니다
3시	간식 먹기 부엌에 있는 주머니 속 초콜릿		
3시 30분	방에서 장난감 조립하기		
4시	거실에서 게임하기		
5시	거실에서 TV 보기		다녀왔습니다! (하지만 5시보다 늦을 수도 있어)

뭔가 물어보고 싶을 때
머리 또는 배가 아플 때
기분이 안 좋을 때
곤란할 때

⬇

엄마에게 전화한다
010 - ×××× - ××××

전화가 울릴 때

⬇   ⬇

액정에 '엄마'라고 뜬 경우에만 받는다 | 전화를 받지 않는다

띵동

집에 누가 찾아왔을 때, 벨이 울릴 때

⬇

인터폰을 받지 않는다
현관문을 열지 않는다

집을 지키는 동안 아이가 해야 할 일을 스케줄 표로 만들어둔다.
이때 집을 지키는 동안 주의해야 할 점도 같이 적는다.

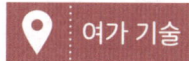 **여가 기술**

17. 혼자서 집 지키기

　해당 날짜에 집 그림과 아이의 사진을 붙여서 아이 혼자 집을 지키고 있다는 것을 표시하는 것도 효과적이다. 또한, 집을 지키는 시간을 사진이나 스티커 등으로 표시해서 알려주는 것도 좋다. 중요한 것은 집을 지키는 동안 아이가 해야 할 일을 스케줄 표로 해서 표시하는 것이다. 이때 집을 지키고 있는 동안 주의해야 하는 점도 같이 적어둔다.

　스케줄은 종이에 적어서 붙여도 되고, 한 장씩 넘기는 방법으로 만들어도 좋다.

　보호자가 외출하기 전에 스케줄을 아이와 함께 다시 한번 확인한다. 혼자서 시간을 보내기 위한 놀이나 학습, 심부름을 스케줄 표에 넣어두면 몇 시간 동안 할 일을 하면서 집을 지킬 수 있다.

　비상시를 위해 보호자의 전화번호를 적어주고 용건이 생기면 전화하도록 가르친다.

보호자가 외출하기 전에 스케줄을 아이와 함께 다시 한번 확인한다.

CHAPTER 5

자기통제를 위한 관리 기술
(시간과 돈/건강/생리와 자위)

• • •

양육할 때 가장 중요한 것이 자기통제를 위한 관리 기술이다.
그중에서도 건강 관리는 매우 중요하다.
지금은 아이여도 곧 성인이 되고, 건강검진 했을 때
성인병을 관리해야 하는 연령대가 되기 때문이다.

❶ 타인이 정해주는 스케줄에서 스스로 결정하는 스케줄로 바꾼다

이번 장의 전체적인 주제는 자기통제와 관리다. 아이가 어렸을 때는 보호자가 '이제부터 해야 할 것'을 그림이나 글자를 사용해 시각적인 스케줄로 알려주면서 아이의 예측성을 높이고 불안을 없애왔다. 하지만 사춘기가 되면 보호자가 정해서 제시하는 스케줄을 거부하는 경우가 생긴다. 이는 자연스러운 사춘기 성장 과정 중 하나다. 하지만 모든 것을 아이가 요구하는 대로 들어줄 수는 없다. 제시간에 일어나기, 먹기, 자기, 옷 갈아입기, 목욕하기 등 순서나 시간은 둘째치고 반드시 해야 하는 일상적인 활동이나 가족과 생활패턴을 맞춰야 하는 활동도 있기 때문이다.

아이 스스로 스케줄을 만드는 방법을 알려줄 때, 쓰고 지우기 쉬운
화이트보드를 준비해서 왼쪽에 시간을 쓰고 그 옆에 수행할 스케줄을 적는다.

아이 스스로 스케줄을 만드는 방법을 알려줄 때 쓰고 지우기 쉬운 화이트보드를 준비해서 왼쪽에 시간을 쓰고 그 옆에 수행할 스케줄을 적는다. 보호자가 정해주는 꼭 해야 하는 활동(시간대)과 아이가 자유롭게 정할 수 있는 시간대를 색으로 구별한다. 보호자가 정해주는 활동을 먼저 적는다. 예를 들어 귀가 후 숙제 시간, 목욕하기 등이다.

해야 하는 활동 뒤에는 아이가 하고 싶은 활동을 적도록 한다. 글씨를 쓸 수 있는 아이라면 직접 적어도 좋고, 하고 싶은 활동의 사진이나 그림카드를 선택하는 것도 좋다. 이렇게 해서 아이가 익숙해지면 보호자가 정해주는 활동도 스스로 적거나 선택할 수 있도록 한다.

다음 단계는 키보드를 사용하는 연습도 할 겸 스케줄을 컴퓨터로 작성한 뒤 인쇄해서 사용한다. 익숙해진다면 스마트폰으로 작성하는 연습을 한다. 최종적인 목표는 컴퓨터나 스마트폰의 캘린더(구글이나 네이버, 또는 캘린더 앱)에 작성하는 것이다. 인터넷 캘린더에 작성하면 가족과 스케줄을 공유할 수 있어서 일정을 수정하거나 확인하기 편리하다.

❷ 건강관리 기술은 장기적인 계획으로 습관화한다

사춘기 아이를 양육할 때 가장 중요한 것이 건강 관리 기술이다. 지금은 아이지만 곧 성인이 되고, 건강검진과 성인병을 관리해야 하는 연령대가 되기 때문이다.

치과, 안과, 이비인후과, 피부과, 내과, 외과 등 신체 부위별로 상태가 안 좋을 때 병원에 찾아가고 진찰받을 수 있도록 미리 스몰 스텝으로 연습한다. 병원에 가서 진찰받는 순서를 그림카드로 만드는 등 시각적 지원을 해주거나 병원의 협조를 얻어 찾아가서 연습하는 방법도 있다. 이왕이면 병원이 한가한 시간에 방문해 진찰받는 연습을 하는 것을 추천한다.

CHAPTER 5 자기통제를 위한 관리 기술

18. 스케줄 관리하기

> **Program POINT**
>
> ### 시간과 돈
> - 스케줄을 스스로 관리하기 위해서는 정해진 시간에 맞춰 행동하는 것과 스케줄을 작성하는 것, 이렇게 두 가지 기술이 필요하다.
> - 스케줄에 맞춰서 행동할 수 있게 되면 실생활에서 조금씩 스스로 스케줄을 정할 수 있는 기회를 늘려간다.

> **ABA Program**
>
> ① 알람 기능을 활용한 시간 관리법
> ② 스케줄 세우는 방법

| 관리 기술

18. 스케줄 관리하기

① 알람 기능을 활용한 시간 관리법

알람에 맞춰 행동한다   알람에 익숙해지기 위해 알람 소리를 듣고 행동을 전환하는 경험을 쌓아갈 필요가 있다. 처음에는 알람 소리를 듣고 행동을 전환하는 것이 아이에게 즐거운 것과 연결되도록 한다.

예를 들어 저녁이나 밤 시간대에 아이가 좋아하는 방송이 시작되기 전 알람이 울리도록 보호자가 설정한다. 알람이 울리면 '(방송 이름) 시작한다'라고 말하고 알람을 멈추도록 가르친다. 꼭 텔레비전 프로그램이 아니라도 식사 전, 외출하기 전 등 아이가 좋아하는 활동을 시작하기 전에 알람을 사용하는 것이 핵심이다.

아침에 알람을 사용할 때도 처음에는 좋아하는 방송이 시작하는 시간대에 일어나는 것부터 시작한다. 휴일에는 그 시간에 일어나면 좋아하는 프로그램을 바로 볼 수 있게 스케줄을 정해두는 것도 좋다. 아침에 알람이 울림과 동시에 보호자가 아이를 깨운다. 아이가 눈을 뜨면 스스로 알람을 멈추도록 지시하고 알람을 멈추면 '(방송 이름) 시작한다'라고 말한다.

알람 소리만 듣고 일어날 수 있는 아이라면 스스로 알람을 멈추는 것도 할 수 있다. 휴일에 알람 소리로 일어나는 것이 익숙해지면 평일에도 같은 방법을 사용한다. 좋아하는 활동뿐 아니라 외출이나 등교 전 등의 다양한 상황에서도 활용해본다.

| 관리 기술 | 18. 스케줄 관리하기 |

알람을 설정한다 '알람이 울리면 행동하기'가 익숙해지면 이번에는 알람 설정을 아이 스스로 하도록 가르친다. 이것도 자기가 좋아하는 활동 전에 설정하는 것부터 시작한다.

아날로그 시계인지 디지털 시계인지에 따라 조작이 달라지지만 시간 설정과 알람을 설정하는 것, 이 두 가지의 순서는 동일하다.

디지털 시계는 ○시 ○분과 같이 숫자로 표시되기 때문에 쉽게 이해할 수 있다. 하지만 시와 분을 각각 조작해서 시간을 맞춰야 하는 시계는 아이에게 어려울 수 있다. 버튼을 한 번 누를 때마다 9시 40분, 9시 50분, 10시, 10시 10분과 같이 10분 간격으로 표시가 바뀌는 시계가 조작하기 쉽다.

아날로그 시계는 두 개 준비해서 보호자가 먼저 견본 시계에 특정 시간을 설정해놓고, 견본 시계와 똑같이 아이가 알람용 시계의 바늘을 맞추는 연습을 한다.

어떤 버튼을 눌러서 설정해야 하는지 모를 때는 스티커로 시계에 표시한다. 그다음으로 알람이 울리도록 설정하는 방법을 가르친다. 거의 모든 시계에는 시간을 설정하는 버튼과 별개로 '온/오프' 버튼이 있다. 알람이 울리는 시간을 설정했다면 알람을 '온'으로 켜놓는 연습도 한다.

 관리 기술

18. 스케줄 관리하기

② 스케줄 세우는 방법

간단한 스케줄 표를 사용해서 지도한다. 해야 할 활동과 일시를 고르는 방법을 따로 가르친다.

정해진 시간 안에서 하고 싶은 활동을 고른다 예를 들어 학교에서 귀가한 뒤 자유시간에 무엇을 할지 아이가 스스로 정하도록 한다. 이때 활동의 내용은 아이가 정하지만 활동하는 시간대는 보호자가 정한다.

다음 페이지의 그림처럼 스케줄 표와 여러 활동 내용이 적힌 카드를 만든다.

"첫 번째는 숙제를 할 거야"라고 말하면서 '숙제' 카드를 첫 번째 칸에 붙인다.

다음 '두 번째는 자유시간이야. 세 번째는 저녁식사야'라고 말하면서 '저녁식사' 카드를 세 번째 칸에 붙인다.

그다음 "자유시간에는 어떤 걸 하고 싶어?"라고 질문하고 아이가 원하는 카드를 고르도록 지도한다. 아이가 선택한 활동 카드를 두 번째 칸에 붙인다.

스케줄 표가 완성되면 스케줄대로 먼저 숙제를 하고, 숙제가 끝난 뒤에는 아이가 선택한 활동을 하게 한다. 그 후에 저녁식사를 한다.

하고 싶은 활동과 수행할 날짜를 고른다 외식이나 박물관 견학 등 평일에 하기 어려운 활동은 휴일에 한다.

일주일 동안의 스케줄 표를 만든다. 달력을 활용할 수도 있다.

활동이 적힌 카드를 보여주면서 "박물관에는 언제 가고 싶어?"라고 질문하고 토요일인지 일요일인지 아이가 선택하게 한다. 선택한 요일에 박물관 카드를 붙인다. 실제 그 요일이 되면 스케줄에 따라 박물관 견학을 간다.

백지 카드를 준비해서 "뭐를 하고 싶어?"라고 아이에게 질문하는 것도 추천한다. 아이가 대답한 활동을 백지 카드에 적어서 붙이면 미리 정해진 활동 안에서 '고른다'가 아닌 스스로 '정한다'로 발전시킬 수 있다.

 관리 기술

18. 스케줄 관리하기

안정적으로 수행할 수 있게 되면, 시간대를 이전보다 세세하게 나누거나 수첩(스케줄 다이어리) 또는 컴퓨터의 스케줄 프로그램에 일정을 작성하는 연습을 한다. 스케줄 프로그램은 해당 일정이 가까워지면 스마트폰으로 알람을 해주기 때문에 편리하다. 포털사이트 구글이나 네이버 등에서 제공하는 캘린더는 보호자도 볼 수 있도록 설정할 수 있어서 아이가 스케줄을 관리할 때 과도한 일정을 잡지 않도록 보호자가 도와줄 수 있다.

① 하고 싶은 활동 선택하기(하루 스케줄 표)

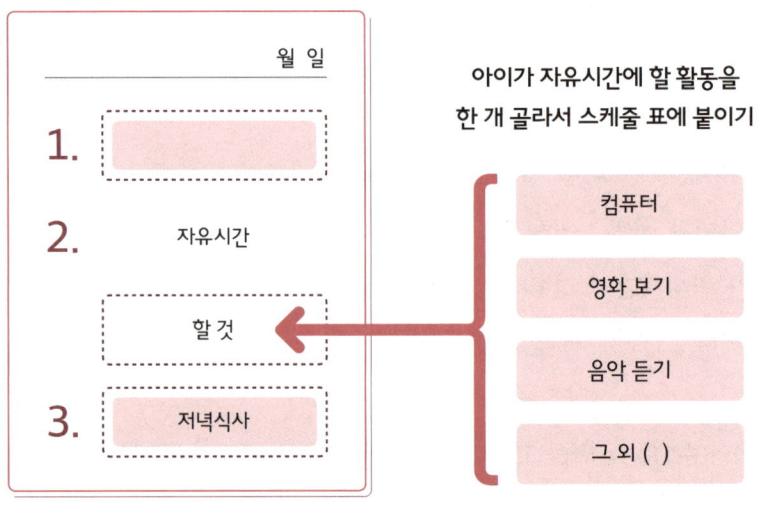

② 하고 싶은 활동과 날짜 선택하기(달력 또는 주간 스케줄 표)
활동과 요일을 선택해서 스케줄 표에 붙이기

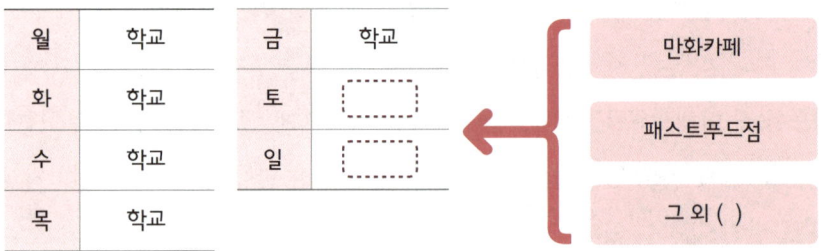

19. ATM 이용하기

CHAPTER 5 자기통제를 위한 관리 기술

Program POINT

시간과 돈

- 돈을 적절히 사용하는 것은 물론, 돈을 관리하는 것도 매우 중요한 기술이다.
- ATM은 보호자와 함께 이용하는 것부터 시작해서 서서히 혼자서 ATM을 조작할 수 있도록 스몰 스텝으로 가르친다. 가장 먼저 '출금'부터 알려준다.
- 또한, ATM을 이용하는 날짜나 출금할 금액, 입금할 금액을 일정하게 정해두는 것이 기술을 익히는 데 좋다.

ABA Program

① 통장(또는 카드) 관리법
② ATM 이용 방법

| 관리 기술 | **19. ATM 이용하기** |

① **통장(또는 카드) 관리법**

 통장(또는 카드)은 자기 방 책상이나 책장 서랍 등 안전한 장소를 정해서 관리하도록 한다. 통장이 있는 장소는 가족 외에는 가르쳐주지 않는 것을 문서로 약속한다. 비밀번호 설정은 보호자가 하고 아이에게 번호를 알려준다. 비밀번호도 보호자가 질문할 때만 대답하도록 가르치고 약속한다.

② **ATM 이용 방법**

 ATM을 이용할 줄 알면 은행창구까지 가지 않아도 되고 필요한 업무를 처리할 수 있어서 편리하지만 ATM을 이용하려면 통장이나 카드가 필요하다. 카드도 통장과 함께 중요하게 관리하고 가족 외에는 보관 장소를 가르쳐주지 않는다고 약속한다.

 ATM 이용 방법은 사용법 카드를 만들어서 알려준다. 처음에는 '출금'부터 가르친다. 예를 들어 '매주 수요일 오후 ○시에 은행에 가서 10,000원 찾기' 등으로 일정한 스케줄을 정한다. ATM 이용 방법을 기억할 때까지는 일주일에 한 번씩 적은 금액을 출금하면서 연습할 기회를 갖는다. 익숙해지면 2주일에 한 번, 한 달에 한 번과 같이 간격을 늘리고, 출금하는 금액도 실제 필요한 금액만큼 찾는 방식으로 실용적인 스케줄로 바꿔나간다.

 관리 기술

19. ATM 이용하기

ATM 이용 방법 ① 보호자가 먼저 조작하면서 보여준다   보호자와 아이가 함께 은행에 간다. 연습하는 모습을 보고 혹시 오해를 받을지도 모르니 은행 관계자에게 신분증과 통장을 보여주고 아이와 함께 연습한다는 것을 알려준다. ATM 조작화면 앞에 함께 선다. 아이에게 통장(또는 카드)을 빌린다. 처음 연습할 때는 다음과 같은 방법에 따라 화면 조작을 모두 보호자가 수행한다.

['돈 찾기' 방법]

1. '예금 출금' 버튼을 누른다.
2. 카드(또는 통장)를 넣는다.
3. 비밀번호를 입력한다.
4. 출금할 금액 '1만 원' 버튼을 누른다.
5. '확인' 버튼을 누른다.
6. '명세서를 출력하시겠습니까?' 문구가 보이면 '아니오' 혹은 '예' 버튼을 누른다.
7. 돈을 꺼내고 지갑에 넣는다. 이때 '예' 버튼을 눌렀으면 명세서도 함께 챙긴다.
8. 카드(또는 통장)를 꺼내서 가방에 넣는다.

두 번째로 연습할 때는 보호자가 조작하되 아이에게 과정을 보여주고 확인하면서 진행한다. 이때 사용법 카드가 아이에게 보이도록 놓고, 아이는 보호자 옆에 선다.

그리고 "첫 번째는?"이라고 질문하고 아이에게 '예금 출금 버튼을 누른다'를 확인하게 하고, 동시에 실제로 조작하는 모습을 보여주면서 진행한다. 단, 이때 비밀번호는 질문하거나 말하지 않도록 주의한다. 또한, 보호자가 비밀번호를 입력할 때에도 소리 내면서 입력하지 않도록 주의한다.

마지막 과정까지 완료하면 돈은 아이의 지갑에 넣고 통장(또는 카드)은 아이의 가방 속 지퍼가 달린 주머니에 넣어 정리한다.

 관리 기술

19. ATM 이용하기

ATM 이용 방법 ② 힌트를 따라서 아이가 조작한다 앞의 예금 출금 연습이 충분히 되었다면 아이가 직접 조작하도록 연습한다. 아이가 ATM 조작화면 앞에 서고 그 옆에 사용법 카드를 둔다. 보호자는 아이 옆에 선다. 앞의 조작하는 과정을 하나씩 질문하면서 확인시키되 이번에는 대답하면 아이 스스로 조작하게 한다.

　보호자 : "첫 번째는?"
　아이 : "예금 출금 버튼을 누른다"
　보호자 : "그렇지. 그럼 예금 출금 버튼을 눌러주세요"(아이 자신에게 조작을 지시)
　모든 프로세스를 '질문 → 대답한다 → 조작한다'로 반복해서 연습한다.
　이때에도 비밀번호는 질문하지 않고, 비밀번호를 입력할 때는 소리를 내지 않도록 주의한다. 돈이 나오면 지갑에 넣고, 통장(또는 카드)을 가방에 정리하도록 하고 연습을 끝낸다. 이 단계까지 안정적으로 수행한다면 다음은 보호자가 질문하지 않고 사용법 카드를 가리키면 아이가 그것을 보면서 ATM을 조작하도록 진행한다.

　보호자 : 사용법 카드의 첫 번째를 가리키고 '첫 번째 해봐'라고 지시한다.
　아이 : 사용법 카드를 보고 조작한다.
　보호자 : 조작이 끝난 타이밍에 두 번째를 가리키고 '두 번째 해봐'라고 지시한다.
　이 순서를 마지막까지 반복한다.

ATM 이용 방법 ③ 보호자가 조금 떨어진 곳에서 기다리고 아이가 조작한다 모든 과정을 혼자서 조작하도록 연습하는 단계다. 사용법 카드를 보면서 그대로 진행할 것을 지시하고 보호자는 아이로부터 조금 떨어진 곳에 있는다. 사전에 사용법 카드에 '하다가 모를 때나 곤란할 때에는 보호자에게 말한다'를 추가해두고 그 장소에서 아이에게 알려준다.

　돈을 '입금'할 때는 통장(또는 카드)이 필요하지만, 비밀번호는 입력하지 않는다. '예금 출금'과는 사용하는 방법이 조금 달라지지만, 기본적인 지도 방법은 같다.

 관리 기술

19. ATM 이용하기

['돈 입금하기' 방법]

① '입금' 버튼을 누른다.
② 통장(또는 카드를) 넣는다
③ 돈(지폐)을 넣는다.
④ 표시된 금액을 확인한다.
⑤ '확인' 버튼을 누른다.
⑥ 통장(또는 카드)를 가져온다.

ATM에서 안정적으로 돈을 찾을 수 있게 되면 스케줄을 정해서 정기적으로 수행하도록 한다. '매월 첫 번째 월요일에 한 번, 10,000원을 입금한다'와 같은 식이다.

['ATM 이용하기' 방법]

시범 보여주기
보호자는 아이에게 질문하면서 시범을 보여준다

아이가 조작하기
보호자는 지시 또는 힌트를 준다
(서서히 힌트 줄여가기)

아이 혼자서 조작하기
보호자는 조금 떨어져서 지켜본다

＊ATM의 종류에 의해 조작방법이 다소 다를 수 있다.

ATM 이용 방법을 알려줄 때는 처음에는 보호자가 조작하는 방법을 보여주고, 점차 아이가 직접 조작하도록 힌트를 주고, 해내는지 옆에서 지켜본다.

칼럼

자폐 연구 프로그램, TEACCH

TEACCH('티치'라고 읽는다)는 Treatment and Education of Autistic and Related Communication Handicapped Children(자폐 스펙트럼 및 의사소통 장애 아동을 위한 치료와 교육)의 약자로 자폐 연구 프로그램이다. 노스캐롤라이나 대학교의 에릭 쇼플러(Eric Schopler)에 의해 1970년대 개발되었다.

   그 이전까지 미국에서는 프로이트의 정신분석 이론에 근거하여 자폐를 정서장애로 간주하고 특히 부모의 잘못된 양육을 원인으로 삼았는데, 에릭 쇼플러는 자신의 임상 경험을 바탕으로 그 의견은 잘못되었으며, '자폐는 세상을 경험하고 이해하는 방식이 손상된 탓'이라고 생각하였다.

쇼플러는 국립정신건강연구소(NIMH, National Institutes of Mental Health)로부터 자금을 지원받아 1966년부터 연구를 하였다. 연구 결과 "자폐란 감각 정보 전달 과정에서 발생한 장애로 자폐인은 기억력, 주의력, 통합사고력 등에서 차이가 있어 일반인처럼 주변 상황이나 사건을 이해할 수 없다. 하지만 시각적 정보에 매우 민감한 강점이 있으므로 이를 활용하여 효과적으로 교육할 수 있다"라고 결론을 내렸다.

   이러한 자폐인의 시각적 사고를 활용하는 방법으로 물리적 환경을 구조화하고 그림이나 사진으로 각종 지시나 스케줄을 알려주는 등의 전략을 제시한 프로그램이 바로 1972년 발표된 TEACCH다. 현재 TEACCH는 미국 내 여러 주에 도입되어 지역 센터, 유치원, 그룹 홈, 공립학교 등에서 공식적인 프로그램으로 실행되고 있다.

작업 체계(work system)

작업 체계는 공부나 작업을 할 때 누가, 어디서, 무슨 일을 얼마나 해야 하는지를 알려주는 좋은 방법의 하나로, 위 그림과 같이 눈으로 보고 이해할 수 있도록 구조를 만들어주는 것이다. 이처럼 눈으로 보고 직관적으로 알기 쉽게 만드는 것을 '구조화'라고 한다. 그림에서는 책상 공간이 '어디서'에 대한 정보를, 책상 앞 이름 카드가 '누가'에 대한 정보를, 왼쪽에 미리 준비된 과제가 '무슨 일을 얼마나'에 대한 정보를 자연스럽게 전해준다.

시각적 지원(visual support)

옆의 사진은 장보기 물품을 시각적으로 표시한 도구다. 마트에서 사려는 물품을 카드로 만들어 판에 붙여 가져간다. 마트에서 물품을 카트에 넣을 때마다 해당 카드도 판에서 떼어 봉투(카트가 그려진)에 담는다. 판 위에 있던 모든 카드가 봉투에 담기면서 쇼핑이 종료된다.

[마트에서 사려는 물품을 알려줌]

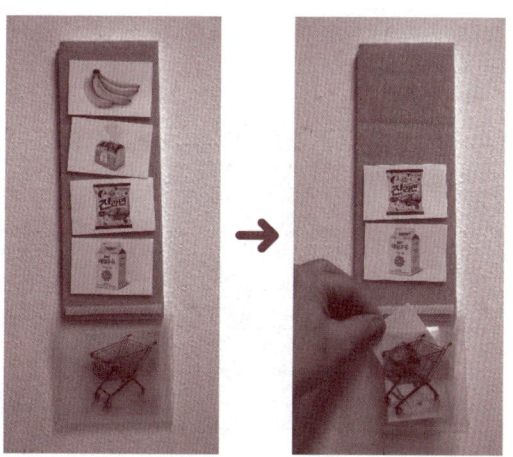

> **시각 스케줄**

일과 또는 일의 순서를 말로만 지시하지 않고 눈으로 볼 수 있도록 시각적 스케줄을 만들어 제시하면 이해하기도 쉽고 잊어버리지 않을 수도 있다.

　이처럼 자폐 스펙트럼 아동은 청각 자극보다 시각 자극에 훨씬 민감하므로 이를 잘 활용하여 교육하는 것이 매우 유용하다. '종이에 쓰면 듣는 귀가 생긴다'라는 재미있는 표현을 본 적이 있다. 똑같은 지시를 내릴 때도 말로만 하는 것보다 그림이나 글씨로 보여주는 것이 더 효과적이라는 의미다. TEACCH의 가르침은 다른 교육 분야에도 널리 알려지고 전파되어, 지금은 ABA를 포함한 거의 모든 자폐 관련 프로그램에서 이 원리를 활용하고 있다.

[해야 할 일의 선후 관계를 알려줌]　　**[등교 전 할 일을 순서대로 알려줌]**

• 《서두르지 않고 성장 발달에 맞추는 ABA 육아법》(기초편)을 참고하였습니다.

CHAPTER 5 자기통제를 위한 관리 기술

20. 운동으로 건강 지키기

Program POINT

건강

- 운동으로 건강을 지키기 위해서는 '운동의 종류 늘리기', '일상에서 실제로 운동하기'가 모두 필요하다.
- 운동의 강도와 빈도를 조절하여 즐기면서 운동하는 습관을 만들어간다.
- 청년기 이후부터는 생활습관병 예방을 위해서라도 적절한 운동을 꾸준히 하도록 유도한다.

ABA Program

① 다양한 운동을 경험하도록
② 시작은 일상에서 자연스럽게

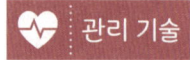 관리 기술

20. 운동으로 건강 지키기

① **다양한 운동을 경험하도록**

　다양한 운동을 경험하고 운동의 종류를 늘려가는 것이 좋다. 운동은 대부분 하루아침에 익힐 수 있는 것이 아니기 때문에 산책 등 간단하게 몸을 움직이는 것부터 시작해서 체력을 기르고, 조금씩 신체를 움직이고 활용하는 범위를 넓혀간다.

　이때 중요한 점은 아이의 취향을 고려하는 것이다. 물을 좋아하는 아이라면 수영장에서의 활동을 좋아할 가능성이 높다. 철도를 좋아하는 아이는 전철을 보기 위해 정해진 시간, 정해진 거리를 걷는 것을 기꺼이 할 것이다. 요즘은 신체를 움직이며 테니스 등의 운동을 하거나 춤을 출 수 있는 게임 프로그램도 있다.

　아이의 흥미나 관심을 활용해서 조금씩 운동의 종류를 넓혀가도록 연구한다. 이것은 운동 장애가 있는 아이에게도 적용된다.

다양한 운동을 경험하면 아이의 신체 능력을 고르게 키울 수 있고,
아이의 취향도 파악할 수 있다.

 관리 기술

20. 운동으로 건강 지키기

② 시작은 일상에서 자연스럽게

아이가 운동을 습관으로 만들고 스스로 몰두하도록 하기 위해서는 계획을 잘 세워야 한다. 언제, 어디서, 무엇을 할지 아이와 함께 스케줄을 만든다. 이때 운동을 강제로 시키지 않고 아이가 활동을 선택하게 하는 것이 중요하다. 아이가 무엇을 할지 잘 모를 때는 보호자가 도와주다가 점점 도움을 줄이면서 아이의 자기결정 기술을 키워준다. 운동 그 자체가 아이에게 즐거운 활동이 되는 것도 중요하지만, 운동 후의 즐거움을 설정하는 것도 자발성을 높이는 효과적인 방법이다. 만보기나 신체 활동을 기록해주는 어플 등을 사용해 운동 성과를 피드백하거나 토큰경제를 사용하여 운동 계획의 실행도를 확인해주는 것도 좋다. 처음에는 체중 감량이나 체력 향상 같은 운동 효과에 급급하지 않고 즐겁게 운동하는 습관을 형성하는 것을 목표로 한다. 처음에는 생활 패턴을 바꾸는 것만으로도 몸을 움직일 기회를 만들 수 있다. 예를 들어 엘리베이터를 사용하지 않고 계단으로 이동하거나 자동차나 자전거를 타는 대신 걸어서 이동하는 기회를 늘리는 식이다. 갑자기 생활을 운동 위주로 바꾸려 하지 말고 스몰 스텝으로 운동할 기회를 늘려간다.

	월	화	수	목	금	토	일
해야 할 일	산책	수영	메뉴에서 고르기 (쉬어도 됨)	메뉴에서 고르기 (쉬어도 됨)	수영	메뉴에서 고르기 (쉬어도 됨)	자전거 타고 장보기
스티커를 모아서 (원하는 것)을 얻자!	○	○	○	○	○	○	○

갑자기 생활을 운동 위주로 바꾸려 하지 말고
조금씩 스몰 스텝으로 몸을 움직이거나 운동할 기회를 늘린다.

CHAPTER 5 자기통제를 위한 관리 기술

21. 약 먹기

> **Program POINT**
>
> **건강**
> - 의사의 지시에 따라 정해진 약을 시간에 맞춰 복용하는 습관을 갖도록 한다.
> - 약을 먹기 싫어할 때는 칭찬이나 토큰경제를 사용해서 약 먹는 행동 자체를 강화한다.

> **ABA Program**

① 약 먹는 습관을 들인다

② 약 먹기를 싫어할 때

③ 복약의 효능 평가는 꾸준히

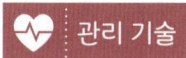 관리 기술

21. 약 먹기

① 약 먹는 습관을 들인다

아이에게 분노발작, 과도한 흥분, 불규칙한 수면시간, 불안이나 우울, 뇌전증 등이 있을 때는 규칙적으로 약을 복용해야 한다. 약은 의사의 지시에 따라 정해진 양과 타이밍을 지키는 것이 중요하다. 처음에는 보호자가 약을 보관하면서 먹어야 하는 약의 종류나 시간을 관리한다. 하지만 언제까지고 보호자가 계속 지시할 수는 없으므로, 약을 보관하는 용기를 연구하여 아이가 알기 쉽게 구조화하거나 약 먹기 스케줄 표, 체크리스트 확인을 스몰 스텝으로 지도하여 아이 스스로 정해진 약을 시간에 맞춰 복용하도록 지도해야 한다. '저녁식사 이후에는 ○○약 먹기'가 습관이 되어서 안정적으로 수행하게 되면 스케줄 표나 체크리스트는 없애도 괜찮다.

[약 먹기 스케줄 표]

약 먹기 스케줄 표, 체크리스트 확인을 스몰 스텝으로 지도하여
아이 스스로 정해진 약을 시간에 맞춰 복용하도록 유도한다.

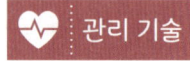 관리 기술   21. 약 먹기

만약 아이가 약에 관한 설명을 이해할 수 있다면 '왜 약이 필요한지', '어떤 효과를 기대할 수 있는지'를 알려주면 약을 먹는 데 대한 동기를 높일 수 있다.

약은 먹자마자 바로 약효가 나타나지 않을 수 있다. 효과가 나올 때까지 시간이 얼마나 필요한지를 먼저 보호자가 확실하게 이해한 후에 아이에게 이해시켜준다.

부작용이 예상되는 경우에는 보호자가 부작용의 증상과 대처법을 사전에 의사에게 확인하고 알아두어야 한다. 아이가 마음대로 약의 양을 줄이거나 약을 끊지는 않는지 항상 주의해야 하며, 그것을 아이에게 이해시키는 것도 중요하다.

② 약 먹기를 싫어할 때

아이가 약을 싫어하는 데에는 여러 이유가 있을 것이다. 약의 식감이나 맛을 싫어하거나 약에 대해 안 좋은 이미지를 갖고 있거나 부작용을 경험한 적이 있는 등이다. 약을 싫어하는 이유를 파악했다면 그 원인을 가능한 한 줄이거나 빼도록 한다. 이때 캡슐이나 약의 크기, 먹을 때의 감각을 싫어한다고 해서 보호자 마음대로 약을 자르거나 잘게 부수면 약효가 달라질 수 있고 몸에 안 좋을 수도 있으므로 반드시 의사와 상담한다.

아이가 가루 식감을 싫어할 때는 가루에 소량의 물을 섞어서 반죽하면 입안에서 가루가 날리거나 달라붙는 경험을 없앨 수 있다. 약의 맛을 싫어한다면 아이가 좋아하는 음식이나 음료를 약간 섞는 방법을 쓴다. 하지만 이것도 약효가 달라질 수 있기 때문에 의사와 상담한 뒤에 시도한다. 최근에는 젤리처럼 달콤한 맛이 나는 오블라토(Obalto, 녹말과 한천으로 만든 먹을 수 있는 포장지, 가루약이나 엿, 사탕 등 포장에 사용)가 판매되고 있다. 약의 식감이나 맛을 싫어한다면 이런 방법도 시도해본다.

아이가 의료에 대해 부정적인 인상을 갖게 하는 보호자의 말은 약을 싫어하게 만드는 원인이 될 수 있으므로 무조건 피한다. 아이에게 약을 먹는 것이 건강에 도움이 되는 것이라고 말해주면서 긍정적인 인상을 갖도록 배려한다.

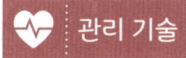 관리 기술

21. 약 먹기

③ 복약의 효능 평가는 꾸준히

보호자는 아이에게 약이 효과가 있는지 또는 부작용은 없는지 등을 지속적으로 물어보고 관찰해야 한다. 이때 중요한 점은 복용하는 약이 어떤 증상 때문인지 보호자가 알고 있어야 하며 상황에 따라서는 아이 자신도 알고 있어야 한다.

증상이 개선되지 않는다고 해서 '이 약은 효과가 없다'라고 섣불리 판단하지 않도록 주의한다. 가능하다면 증상에 관련된 구체적인 행동을 기록한 후 의사와 상담한다.

아이가 약의 식감, 재질, 맛 때문에 먹기 싫어할 수 있다. 이때는
약 먹을 때 유심히 관찰하여 보다 쉽게 약을 먹을 방법을 연구한다.

❷ 집에서 실천하고 있어요

스몰 스텝으로 스스로 약 먹기 성공

도쿄도 거주 산노미야 케이코 씨

현재 중학생인 아들은 식생활이 매우 건강하다. 하지만 이전에는 못 먹는 음식도 많았고, 무엇보다 약을 먹지 않으려 해서 무언가에 섞거나 스포이드를 사용해 억지로 입에 넣는 등 약 먹는 일이 부모와 아이 모두에게 큰 부담이었다.

한번은 아들이 체질상의 이유로 영양보충제를 꾸준히 먹어야 한다는 처방을 받았다. 이를 계기로 '캡슐로 먹는다'가 가능하도록 스몰 스텝 훈련을 개시했다.

아들은 싫어하는 음식을 먹이려고 하면 '우웩' 하며 거부감을 보였고, 식감이나 맛에 대해 과민성이 있었다. 이런 점을 감안할 때 아이에게 '이물질'인 약을 먹는 것에 대한 혐오감이 강할 것이라고 생각했다. 그래서 아이가 좋아하지도 싫어하지도 않고 평소 거부감 없이 잘 마시는 '물'을 사용해서 다음과 같은 과정으로 연습했다.

['물과 함께 약 먹기' 스몰 스텝 연습]

① 숟가락으로 물을 떠서 한 입 마신다
② 물에 오블라토를 한 조각 띄워서 물과 함께 숟가락으로 마신다
③ 오블라토를 조금씩 크게 하고 마지막에는 한 장을 접어서 물에 띄워서 마시도록 한다
④ 보충제를 오블라토에 싸서 물에 띄우고 숟가락으로 떠서 마시도록 한다
⑤ 캡슐을 물에 띄워서 부드럽게 하고 숟가락으로 물과 함께 떠서 마시도록 한다.

여기서 숟가락으로 떠먹이는 것은 부모가 했다. 이 과정까지 오니 아이도 '맛없는 것이라도 물로 꿀떡 삼키면 나쁜 맛이 나지 않아서 괜찮다'라고 이해했다.

이후에는 스스로 숟가락을 잡고 먹을 수 있도록 도와주었고, 최종적으로는 캡슐을 입에 직접 넣고 컵으로 물을 마시는 것까지 단계를 늘릴 수 있었다.

물을 숟가락으로 마시는 단계부터 캡슐을 혼자서 먹게 될 때까지 약 2주일 정도 걸린 것 같다. 이 훈련을 성공한 뒤 식사할 때도 싫어하는 것을 한 입 먹는 것부터 도전했더니 날이 갈수록 편식이 없어졌다.

물론 지금도 꺼리는 음식은 있지만 아예 먹어보지도 않고 싫어하는 것은 없어졌고, 싫어하는 음식이라도 두세 번은 먹을 수 있게 되었다.

CHAPTER 5 자기통제를 위한 관리 기술

22. 생리, 미리 알려주기

> **Program POINT**
>
> **생리와 자위**
> - 생리를 미리 대비하기 위해 아이 스스로 신체의 구조와 역할을 이해하는 것이 중요하다.
> - 아이가 언어를 이해하는 레벨에 맞춰서 신체적 변화와 생리에 대한 기초적인 지식을 알려준다.
> - 생리용품을 사용하는 방법은 과제 분석과 촉구를 사용해서 지도한다.

> **ABA Program**
>
> ① 신체 변화를 알려주는 시기와 방법
> ② 생리용품 사용하기 연습
> ③ 생리주기 알려주는 방법

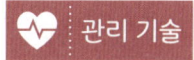 관리 기술

22. 생리, 미리 알려주기

① 신체 변화를 알려주는 시기와 방법

생리에 관한 지식이 없는 상태에서 갑자기 출혈이 시작된다면 어떤 아이라도 크게 당황한다. 이를 방지하기 위해서 생리는 병이나 상처와 다르다는 지식을 생리가 시작하기 전(평균 12~13세)에 알려줄 필요가 있다. 아이의 이해 정도에 맞춰서 교재나 가르치는 방법을 연구하고 머지않아 시작할 생리를 준비한다. 생리는 신체가 성장하여 어른에 가까워지고 있는 증거라는 긍정적인 이미지를 아이와 공유하는 것도 중요하다.

스스로 준비를 할 수 있게 하려면 아이의 신체 구조, 특히 하복부의 구조에 대해 충분히 이해하는 것이 중요하다. 요도와 질, 항문의 위치와 그 역할(어디에서 무엇이 나오는지)에 대해서 가르친다. 일러스트나 사진을 사용해서 가르친 뒤 실제로 자신의 하복부를 거울에 비춰보면서 각 부위의 명칭을 듣고 손가락으로 가리킬 수 있도록 연습하는 것이 더 구체적이고 효과적이다.

② 생리용품 사용하기 연습

생리대를 사용할 때는 기능과 역할을 이해하는 것이 중요하다. 아이에게 생리대에 물감을 푼 물을 뿌리고 흡수되는 것을 보여주어도 좋다. 감각적으로 민감한 아이 중에는 속옷에 붙이는 생리대의 감촉이나 이물감을 싫어하는 아이도 있다. 이럴 경우에는 생리가 시작하기 전에 조금씩 연습해서 익숙해지도록 계획하고 연습한다.

생리용품을 작은 파우치에 넣어서 갖고 다니는 등 관리하는 요령도 알려준다. 이때 생리용품은 '개인적인 물건'이기 때문에 사람들 앞에서 꺼내지 않도록 가르치는 것도 중요하다.

생리 기간 중 청결을 유지하는 것에 대해서도 구체적으로 연습할 필요가 있다. 속옷이나 옷에 얼룩이 묻었는지 확인하는 것과 적절한 빈도로 생리대를 교환하는 요령은 보호자가 자세히 설명하고 알려줘야 한다.

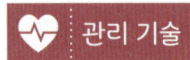 관리 기술

22. 생리, 미리 알려주기

아래와 같이 과제분석을 통해 시각적인 힌트나 촉구를 잘 사용하면서 스몰 스텝으로 아이 스스로 생리대를 교환할 수 있도록 사전에 지도한다.

['생리대 교환' 방법]

1. 화장실에 들어간다.
2. 새로운 생리대를 한 개 꺼내고 손이 닿는 곳에 둔다.
3. 하의와 속옷을 순서대로 벗는다.
4. 변기에 앉는다.
5. 속옷에 붙어있는 사용한 생리대를 뗀다.
6. 사용한 생리대를 둥글게 만다.
7. 둥글게 만 생리대를 두루마리 휴지로 감싼다.
8. 감싼 것을 화장실 휴지통에 버린다.
9. 피가 묻어있는 곳을 두루마리 휴지로 닦는다.
10. 사용한 두루마리 휴지는 변기에 버린다.
11. 새로운 생리대의 포장과 접착면을 벗긴다.
12. 벗긴 포장지와 접착면을 화장실 휴지통에 버린다.
13. 새로운 생리대를 속옷에 붙인다.
14. 변기에서 일어난다.
15. 속옷과 겉옷을 순서대로 입는다.
16. 변기의 레버를 눌러 물을 내린다.
17. 화장실에서 나온다.
18. 세면대에서 손을 깨끗이 씻는다.
19. 핸드타월(또는 핸드 드라이어)로 젖은 손을 닦는다.
20. 밖으로 나온다.

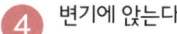 관리 기술

22. 생리, 미리 알려주기

4 변기에 앉는다

5 속옷에 붙어있는 사용한 생리대를 뗀다

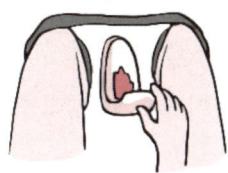

7 둥글게 만 생리대를 두루마리 휴지로 감싼다

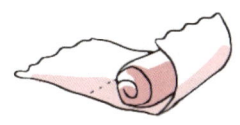

8 감싼 것을 화장실 휴지통에 버린다

9 피가 묻어있는 곳을 두루마리 휴지로 닦는다

11 새로운 생리대의 포장과 접착면을 벗긴다

13 새로운 생리대를 속옷에 붙인다

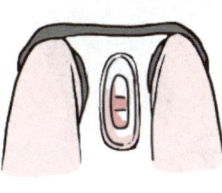

16 변기의 레버를 눌러 물을 내린다

18 세면대에서 손을 깨끗이 씻는다

속옷이나 옷에 피가 묻었는지 확인하는 방법과
적절한 빈도로 생리대를 교환하는 요령은 보호자가 자세히 설명해준다.

관리 기술　　　　　　　　　　　　　　**22. 생리, 미리 알려주기**

③ 생리주기 알려주는 방법

아이에게 생리주기에 대해서도 알려주어야 한다. 다음 생리가 언제 시작하는지, 이번 생리가 언제까지 지속되는지 예상할 수 있도록 지도한다. 생리주기는 사람에 따라 다르지만 기상 직후 기초체온의 변화를 기록해두면 꽤 정확하게 파악할 수 있다. 예측되는 정보를 달력이나 수첩에 적어두어 시각화하여, 아이도 예상할 수 있도록 한다.

생리주기가 어느 정도 안정되면 아이 스스로 생리주기를 예측하는 연습을 한다.

[생리가 시작한 날부터 ○일 동안은 생리가 계속된다],

[생리가 끝난 날부터 ○일 이후가 다음 생리일]과 같은 패턴을 달력이나 수첩에 써놓도록 한다. 아이가 자신의 생리주기를 파악하면 생리에 맞춰서 활동 스케줄을 잡거나 외출할 때 입을 옷도 적절하게 선택할 수 있게 된다.

최근에는 생리주기를 기록하고 알려주는 앱도 있으므로 활용하면 좋다.

달력에 생리주기를 기록하도록 가르친다.
자신의 생리주기를 파악하면 이에 맞춰서 활동 계획을 잡을 수 있다.

CHAPTER 5 자기통제를 위한 관리 기술

23. 자위, 올바르게 지도하기

> **Program POINT**
>
> **생리와 자위**
> - 공공장소에서 자신의 성기를 만지는 행동은 부적절한 행동임을 가르친다.
> - 하지만 제2차 성징을 맞아 성적인 충동이 높아지는 사춘기 이후는 남녀 모두 자위를 할 수 있고, 이를 금지할 필요는 없다.
> - 적절한 장소와 시간을 지킬 수 있도록 도와준다.

> **ABA Program**
>
> ① 아이가 자신의 성기를 만질 때 대응법
> ② 적절한 자위 방법 가르치기

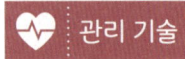 **관리 기술**

23. 자위, 올바르게 지도하기

① 아이가 자신의 성기를 만질 때 대응법

사춘기 혹은 청소년기에 아이가 다른 사람 앞에서 자신의 성기를 만지는 행동을 한다면 문제가 된다. 이때는 먼저 아이가 왜 이런 행동을 하는지 그 이유를 파악한다. 성적 충동 때문이 아니라 다른 사람이 당황하는 반응을 즐기거나 싫어하는 과제를 피하려는 의도일 수 있다. 또는 성기를 청결하게 유지하지 못해서 가려움이나 불쾌감을 느꼈기 때문일 수도 있다. 각각의 이유에 대해 해결 방안을 마련한다.

만약 성적인 행동이 이유라면 성기를 만지는 것을 완전히 금지해서는 안 된다. 무조건 금지하는 것이 아니라 '하면 안 되는 상황'과 함께 '해도 되는 상황'을 가르치는 것이 중요하다.

먼저 '개인적인 공간'을 확보하고, 자위는 그곳에서만 할 수 있다는 것을 아이에게 알려주고 납득시키는 것이 필요하다. 장소는 아이의 침실이 가장 적절하다. 화장실의 개인 칸도 후보 장소가 될 수 있다. 그런데 화장실에서 자위하던 기억이 배설 행동의 흐름을 중단시키거나 다른 활동을 방해할 가능성이 있다면 침실에서만 하도록 제한한다.

성적인 행동이 이유라면 성기를 만지는 것을 완전히 금지해서는 안 된다.
'하면 안 되는 상황'과 함께 '해도 되는 상황'을 가르쳐야 한다.

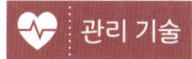 관리 기술

23. 자위, 올바르게 지도하기

② 적절한 자위 방법 가르치기

자위는 정해진 '개인적인 공간', 즉 아이의 방에서만 연습하도록 한다. 아이가 언어적 지시를 이해할 수 있다면 사전에 '개인적인 공간'이 어디인지 알려주고 성기를 만지고 싶어질 때는 자신의 방으로 이동하도록 한다. 하지만 언어적 지시를 이해하기 어려운 아이라면 자기 성기를 만지기 시작했을 때 '어디로 가야 해?'라고 촉진한다. 그런데도 이동하지 않으면 아이 방을 가리키며 이동하도록 한 번 더 촉진한다. 그래도 아이가 스스로 이동하지 않으면 보호자가 신체적 촉구를 사용해서 이동을 촉진한다.

다음으로, 성기를 자극하는 적절한 방법을 가르친다. 시각적인 자료나 신체적 촉구를 사용하면서 지도한다. 손의 사용이 서툴러서 성기를 잘 자극하지 못하면 남자아이의 경우 사정에 도달하지 못하고 자위를 계속 반복하게 된다. 그럴 때는 바이브레이터 같은 도구를 사용해서 효과적으로 자극하는 방법을 검토한다. 또한, 더러운 손으로 성기를 만지면 감염을 일으킬 수 있기 때문에 사용법 카드를 만들 때 청결을 유지하는 단계도 포함한다.

남자아이라면 사정에 관한 지식과 처리 방법도 가르친다. 처리를 깔끔히 하지 못해서 항상 시트나 옷에 정액이 묻는다면, 콘돔을 끼운 뒤 자위하는 방법을 알려준다. 콘돔을 사용하면 자위의 상징으로 기능하게 되므로 스케줄을 세울 때도 이용할 수 있다.

또한 '콘돔 한 개에 자위 한 번'이라는 관계성이 성립되면 아이의 자위 빈도를 보호자가 쉽게 조절해줄 수 있다. 다만 자위의 빈도가 너무 많아지면 다른 활동에 영향을 줄 수도 있으므로 주의해야 한다.

'해야 할 것'과 '여가활동' 사이의 균형을 잡고 적절하게 자기통제를 수행하는 것은 자위 행동에서만의 문제가 아니다. 일상생활의 적응성을 높이는 데 매우 중요한 과정이다. 구체적으로 스케줄을 세우거나 행동계약(해야 할 것과 보상을 명시한 '약속')을 하고 점차 촉구(도움)을 줄이면서 아이가 스스로 관리하는 힘을 키워간다. 그럼에도 자위가 다른 활동을 방해한다면 자위를 할 수 있는 '개인적인 시간'을 정해 시간대를 한정할 필요가 있다.

· PART ·
III

사회에서의 기술

6. 사회 활동을 위한 자립 기술
7. 대인관계를 위한 소통 기술

CHAPTER
6

사회 활동을 위한 자립 기술
(이동하기 / 시설 이용 / 물건 사기)

• • •

아이가 좋아하는 활동이라면
그 활동 자체가 강화제가 되므로
자연스럽게 학습하고 정착시킬 수 있다.

❶ 아이가 좋아하는 활동부터 시작한다

이동을 예로 들면, 기차여행이나 버스여행처럼 이동 그 자체가 목적이 되는 경우도 있지만 대부분의 이동은 목적지에서 활동하기 위한 수단이다. 따라서 목적지에서 하는 활동이 아이가 좋아하는 것이라면 그 활동 자체가 이동의 강화제가 되므로 자연스럽게 학습하고 정착시킬 수 있다. 아이에게 '이동하기'가 먼저가 아닌 '즐거운 활동'이 우선하기 때문이다.

지역사회에서 아이가 개인의 여가를 즐기기 위해서는 사회구성원 사이에 정해둔 규칙을 지킬 필요가 있다. 주변에 보호자나 봉사자가 있다면 바로바로 지시하거나 도와주기 때문에 어렵지 않게 여가를 즐길 수 있다. 또 아이가 규칙을 지키면서 자력으로 이동할 수 있다면, 이용하는 시간이 정해져 있는 보조교사나 자원봉사자의 사정에 좌지우지되지 않고 아이가 좋아하는 활동을 하기 위해 자유롭게 외출할 수 있다.

다음은 지적장애를 동반한 자폐 스텍트럼 장애가 있는 청년의 사례다. 그는 동물원을 좋아했다. 청년은 보호자와 함께 평일 오후에 동물원에 가는 것이 일상의 즐거움이었다. 하지만 보호자가 평일에 매번 시간을 내기도 힘들고, 청년 역시 자신이 내키는대로 동물원을 둘러보고 싶어 했다. 그래서 필자는 동물원 안에서 지켜야 할 견학 규칙을 만들었다. 청년에게 휴대전화를 주고, 지금 있는 장소가 어디인지 대답하는 기술, 약속시간에 맞춰서 동물원 정문에서 보호자와 만나기 위한 기술 등을 가르쳤다. 그렇게 했더니 청년에게도, 보호자에게도 지속하기 쉽고 즐거운 여가활동이 되었다.

이번 과제의 목표는 아이가 좋아하는 활동이 무엇인가에 따라 그에 맞춰 자유롭게 설정할 수 있다. 따라서 지역사회에서의 활동은 아이가 좋아하는 것부터 시작하면 좋다.

❷ 주변 사람들에게 협조를 부탁한다

사회 활동을 위한 자립 기술 과제에서는 아이가 현재 가진 기술을 활용해서 할 수 있는 것을 찾는 것뿐만 아니라 주변 사람 등에게도 협조를 요청하는 것이 중요하다.

필자가 예전에 지도했던 자폐 스펙트럼 남자아이의 사례다. 그는 말하지 않는 증상이 있고 고등부에 재적 중이었다. 그에게 '학교에서 귀가할 때 카페에 들러 음료 마시기' 기술을 가르쳤다. 구체적으로 다음과 같이 했다.

먼저 그가 가장 좋아하는 카페모카를 판매하는 카페에서 모든 메뉴의 사진을 받아서 그 사진 중에서 자기가 마시고 싶은 것을 선택하는 것을 가르쳤다. 그리고 지갑 안에서 체크카드를 꺼내서 계산대에 지불하는 것을 가르쳤다.

아이와 연습하는 동안 그 카페의 매니저도 아이가 주문할 때 돕는 요령을 배우는 데 협조했다.

마침내 그는 혼자서 그 카페에 가서 주문할 수 있게 되어 단골손님이 되었다.

"엄마도 같이 갈까?"라고 보호자가 물어봤을 때 얼굴을 찌푸리고 고개를 젓던 모습이 지금도 기억에 남는다.

이러한 사례와 같이 아이가 지금 갖고 있는 기술에 더해서 주변 사람에게 환경적 지원을 부탁하게 되면, 실현할 수 있는 목표가 훨씬 많아진다.

자, 그러니 두려워 말고 주변에 도움을 요청해보자.

CHAPTER 6 사회 활동을 위한 자립 기술

24. 대중교통 이용하기

Program POINT

이동하기

- 혼자서 이동하는 기술을 가르치기 전에 필요한 사전기술이 있다. 바로 동네 안이나 도로를 안전하게 보행하기, 신호 지키기 등이다.
- 지하철이나 버스 등 대중교통을 처음 이용할 때는 같은 노선과 목적지를 보호자와 함께 사용하는 방법을 확인하면서 이동하고, 이를 반복해서 연습한다.
- 새로운 노선을 이용할 때에는 역무원이나 버스 기사에게 목적지를 물어보거나 확인하는 방법 같은 기술도 가르친다.

ABA Program

① 지하철 이용

② 버스 이용

③ 출발시간과 도착시간 알기

 **자립 기술**　　　　　　　　　　　　　　**24. 대중교통 이용하기**

① 지하철 이용

먼저 지하철을 이용하기 위한 사용 방법을 만든다. 쇼핑이나 여가활동을 할 때 자주 이용하는 역의 이용 방법부터 만든다. 아이의 이해 정도에 따라서 글자만 쓰거나 글자와 사진을 섞어서 순서를 설명한다.

교통카드(청소년용 후불제 교통카드)로 타고 내리는 방법을 가르친다. 지하철을 탈 때마다 승차권 발매기에서 1회용 교통카드를 발급받는 방법을 가르치거나 버스를 탈 때 현금을 내는 방법을 가르치는 것보다 교통카드를 쓰는 것이 훨씬 배우기 쉬운 기술이다. 교통카드는 카드지갑에 넣고 목걸이 형태로 만들어 목에 걸거나 가방이나 바지에 스프링으로 된 줄로 연결해 주머니에서 넣고 빼면 편리하다. 그러면 스프링 줄을 힌트로 삼아 교통카드를 바로 꺼내 사용할 수 있고, 분실도 방지할 수 있다.

※ **선불제(충전식) 교통카드 발급 방법(티머니)**

- 편의점, 지하철역에서 구입 가능, 구입처에서 아이 생년월일로 등록 가능
- 또는 티머니 홈페이지에서 등록 가능
  (https://www.t-money.co.kr/ncs/pct/cardrgt/ReadDscdRgtDvs.dev)

※ **후불제 교통카드(체크카드) 발급 방법(신한카드 기준)**

- 만 12세부터 발급 가능
- 발급 시 필요 서류: 미성년자 기준 상세 기본증명서 1부, 미성년자 기준 상세 가족관계증명서 1부, 보호자 신분증, 아이 통장과 도장(서류는 '대한민국 법원 전자가족관계등록시스템(efamily.scourt.go.kr)'에서 무료 발급 가능)
- 후불제 교통카드는 월 5만 원 한도로 이용 가능, 그 외 ATM기 30만 원, 전자금융 30만 원의 금융거래 한도가 있음

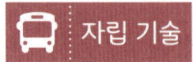 자립 기술

24. 대중교통 이용하기

다음은 지하철 이용을 위해 교통카드를 사용하는 순서다.

['지하철 이용하기' 방법]

1. ○○역에 간다.
2. 지하철 입구의 개찰구 IC마크에 교통카드를 대고 들어간다.
3. 가고자 하는 방향의 지하철 승차장으로 내려(올라)간다.
4. △번 승차위치로 간다.
5. [지하철 □□행]에 탄다.
6. 안내방송을 듣거나 안내표시를 보고 하차할 역에서 내린다(혹은 스마트폰의 지도앱을 활용해 갈아탈 곳, 내릴 곳 알람을 받는다).
7. 가고자 하는 출구의 번호를 찾은 뒤 계단을 올라(내려)간다.
8. 개찰구에 교통카드를 대고 나온다.

위와 같은 단계를 순서대로 한 장의 종이에 쭉 정리하거나 각각의 순서를 한 장씩 넘기는 방법으로 사용하는 방법을 만들어서 아이가 들고 다닐 수 있도록 한다.

하나의 단계를 한 다음 그다음 단계를 확인하면서 이용하도록 한다.

혼자서 지하철에 타는 방법을 익힐 때 중요한 점은 보호자가 아이의 한 발짝 뒤에서 따라가는 것이다. 지하철 개찰구를 들어가고 나올 때 등 아슬아슬한 단계까지는 보호자가 움직이지 않고 아이가 적절히 행동하기를 기다려주는 것이 중요하다.

 자립 기술

24. 대중교통 이용하기

교통카드를 충전하는 방법은 '충전하는 요일을 정하거나 또는 달력에 지정한 날짜에 정기적으로 충전하기'와 '개찰구를 통과할 때 잔액이 부족하다는 음성이 나오면 돌아가서 충전하기'가 있다. 아이에게 적절한 방법을 선택한다.

교통카드에 충전하는 금액도 한 번에 1만 원 혹은 3만 원 같이 미리 정해놓고 충전하는 방법을 사용 카드에 적어둔다.

아이가 지하철을 타는 것에 익숙해졌다면 그다음에는 내리는 역을 지나치거나, 목적지가 아닌 역에 내렸거나, 도중에 내려버렸을 때 대처하는 방법도 지도한다. 실패했을 때 대처하는 방법은 사용 카드에 '혹시 ○○할 때'라고 공간을 만들어서 정리한다.

예를 들어 '역무원에게 표 또는 사용 카드를 보여주고, "○○역에 가고 싶습니다"라고 물어보기', '보호자의 휴대전화 번호를 적어두고 연락하기'와 같은 방법이 있다. 이것을 연습할 때는 "오늘은 내려야 할 역을 지나쳐버렸을 때를 연습할 거야"라고 아이에게 미리 말해준다. 그리고 실제로 목적지를 지나쳐서 내리고, 그 역의 역무원을 찾아서 물어보거나 보호자한테 전화하는 연습을 한다.

실패했을 때의 대처 방법까지 완료했다면, 그다음은 혼자서 지하철 타는 연습을 한다. 아이 스스로 탈 수 있게 된 다음에는 목적지를 다른 역으로 바꾸거나 환승할 때의 사용 카드를 만드는 등 혼자서 갈 수 있는 역을 늘려간다.

또한, 지하철을 잘 타고 내리는 것 못지않게 지하철을 탈 때의 예절이나 주의점도 확인해야 한다. 사용 방법 뒤쪽에 '지하철을 탈 때의 예절과 주의점'을 정리해두는 것이 좋다.

주의해야 할 점으로는 분홍색 임산부석에는 앉지 않기, 노약자석에 앉지 않기 등이 있다. 지하철에 타고 있는 동안 정차하는 역의 표시나 지하철 내부의 안내방송에 집중하는 것도 가르친다.

 자립 기술   **24. 대중교통 이용하기**

② 버스 이용

지하철을 이용할 때와 마찬가지로 사용 방법에 '혹시 ○○했을 때', '버스에 탈 때의 예절과 주의점'을 만든다. 교통카드를 이용하고, 목적지까지 한 번에 갈 수 있는 노선이라면 순서가 복잡하지 않아 비교적 가르치기 쉽다.

같은 정류장에서 출발하지만 가는 방향이 다른 버스가 여러 대 멈추는 경우에는 도착한 버스의 번호를 보고 타야 하는 버스인지 아닌지 확인하는 단계를 확실하게 가르친다. 또한, 내릴 때는 하차버튼을 눌러야 한다는 것과 버스 안이 혼잡할 경우에는 하차버튼 가까운 곳에 서 있도록 가르쳐야 한다.

버스에 타서 목적지에 내리려면 하차버튼을 눌러야 한다는 것과
버스 안이 혼잡할 경우에는 하차버튼 가까운 곳에 서 있도록 가르친다.

 자립 기술

24. 대중교통 이용하기

③ 출발시간과 도착시간 미리 알기

스마트폰으로 시간표나 환승 정보, 요금 등을 미리 조사할 수 있다.

예를 들어 포털사이트 네이버나 다음 등에서 '길찾기'로 검색하면 '출발지'와 '목적지'를 넣는 장소가 있어서 승차하는 역과 목적지의 역을 넣고 검색하면 지하철이 언제 오는지, 몇 번 승차장에서 타면 내리거나 환승할 때 계단이 가까운지, 어디서 환승하는지, 몇 번 출구로 나가면 되는지 등이 표시된다.

카카오맵이나 티맵대중교통 등의 스마트폰 앱을 설치하면 앱을 켜고 '출발지'와 '목적지'만 넣으면 목적지까지 갈 수 있는 모든 교통기관(지하철이나 버스)과 도보, 자전거를 이용했을 때 걸리는 시간과 가는 방법을 알 수 있다. '승하차 알람'을 누르면 타거나 내릴 지점이 가까워지면 소리나 진동으로 알려주므로 유용하다. 또한, 카카오맵은 '톡친구 위치 공유' 기능도 있어서 보호자에게 현재 위치를 알려줄 수도 있다.

약속이 있어서 이동할 때는 약속시간에 늦지 않도록 넉넉히 시간을 계산해서 출발해야 하는 것도 알려준다. 이때 포털사이트나 스마트폰 앱을 활용해 이동 시간이 얼마나 걸리는지 알아보는 방법을 가르친다. 그러면 약속 장소에서 가장 가까운 역에 도착하려면 몇 시에 지하철에 타야 하는지 알 수 있다.

CHAPTER 6 사회 활동을 위한 자립 기술

25. 지도 보기

> **Program POINT**

이동하기
- 간단한 지도를 보면서 익숙한 장소를 찾아가는 것부터 시작한다.
- 점점 지도를 작고 복잡하게 하면서 목적지는 물론 출발한 장소로도 돌아갈 수 있도록 스몰 스텝으로 연습한다.
- 255쪽 '34. 타인에게 물어보기'와 연계하여 연습할 수 있다.

> **ABA Program**

① 지도 보는 방법
② 표지판 보는 방법

 25. 지도 보기

① **지도 보는 방법**

　처음에는 보호자가 직접 간략하게 지도를 그리거나, 도로 혹은 건물이 크게 그려져 있는 척도가 작은 지도를 사용한다. 목적지는 쇼핑센터나 편의점 등 아이에게 익숙한 장소로 정한다. 지도에서 꺾어야 하는 장소에 체크 칸을 넣는다. 처음에는 실제 건물과 지도의 건물을 비교해 보면서 현재 위치를 확인하면서 걷는 것부터 연습한다.

　다음 단계는 조금 떨어진 곳에 있는 편의점에 가는 등 서서히 먼 장소로 목적지를 바꾼다. 이때 지도도 길이나 건물이 작게 그려진, 척도가 큰 지도로 바꾼다. 척도가 큰 지도를 사용할 때에도 현재 위치를 계속 확인하면서 걷도록 한다.

처음에는 도로 혹은 건물이 크게 그려져 있는 지도를 사용한다.
좌회전, 우회전 해야 하는 장소에 체크 칸을 넣는다.

 자립 기술

25. 지도 보기

　이와 같은 과정을 자연스럽게 할 수 있게 되면 여행지처럼 처음 가는 장소에서도 관광지도나 인쇄한 지도, 인터넷 지도를 보고 가고 싶은 장소를 정해 스스로 찾아가는 연습을 할 수 있다.

　지도 보는 연습을 할 때는 아이가 좋아하는 장소 또는 사고 싶은 물건이 있는 장소를 목적지로 설정한다. 그렇게 하면 그곳에 가고 싶은 마음이 커서 학습을 수월하게 진행할 수 있다. 또한, 보호자가 동행하더라도 아이를 인도하지 말고 아이보다 한 발짝 뒤에서 따라가도록 한다.

　길을 헤맬 때나 바르게 가고 있는지 확인하고 싶을 때는 편의점이나 주변의 가게에서 가고자하는 곳을 지도에서 가리키며 물어보고, 그 대답을 잘 듣는 것도 연습한다. 이때 필요한 기술은 '34. 타인에게 물어보기'에서 알려주고 있다(255쪽 참조).

　지도 보는 방법을 어려워할 때나 복잡한 길을 찾아갈 때는 현재 위치부터 목적지까지를 움직이는 화살표나 음성으로 안내해주는 스마트폰 앱을 이용하는 것도 추천한다.

② 표지판 보는 방법

　지도를 보고 목적지를 찾아갈 때는 신호등 옆에 붙어있는 지명이나 현재 위치가 표시된 지도나 안내 표지판 등이 도움이 된다. 지역에 따라 건물의 이름이나 가게의 이름이 상세하게 적힌 동네지도 표지판도 있다.

　지하상가에는 역까지 가는 표지판이나 출구를 나갔을 때 탈 수 있는 버스번호가 적힌 표지판이 있어서 표지판을 따라 걸어가면 목적지에 수월하게 도착할 수 있다. 백화점 내부에는 화장실이나 에스컬레이터와 엘리베이터의 위치를 표시한 표지판이 있다.

　우리는 일상에서 이 많은 표지판을 무의식적으로 활용하고 있다. 하지만 이런 표지판들은 시선보다 위쪽에 있는 경우가 많고, 앞만 보고 걸어가다 보면 무심코 지나칠 수도 있다.

　따라서 아이에게 표지판 보는 방법을 가르칠 때는 연습용 지도나 사용 방법에 표지판 사진을 붙여서 그 표지판을 찾는 것부터 가르친다.

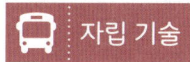 자립 기술

25. 지도 보기

지하철을 이용할 경우 동네지도 표지판에서 목적지 건물을 확인하고, 그곳에서 가까운 출구 번호를 확인하도록 한다. 또한, 표지판의 안내에 따라서 그 번호 방향으로 걸어가면 수월하게 목적지에 도착할 수 있다는 것을 가르친다.

스마트폰을 사용할 수 있는 아이면 스마트폰 카메라로 표지판을 촬영해두고, 그것을 보면서 이동하는 방법을 가르치는 것도 좋다.

스마트폰 카메라로 표지판을 촬영해두고, 그것을 보면서 이동하는 방법을 가르치는 것도 좋다.

❸ 집에서 실천하고 있어요

혼자 자전거를 타고 원하는 장소까지 간다

오카야마현 거주 노부에 미호코 씨

아들은 위험을 잘 알아차리지 못한다. 거리감을 가늠하는 것에도 서툴고 자전거를 탈 때도 자동차에 필요 이상 거리를 두거나 아니면 놀랄 정도로 자동차 가까이 지나가기도 했다. 게다가 불안을 쉽게 느끼는 편이어서, 한 번이라도 무서운 경험을 하면 도통 도전하지 않았다.

중학생이 되어서도 혼자서 행동하는 것이 여전히 서툴렀지만 슬슬 혼자서 자전거로 외출할 수 있도록 가르치고 싶었다.

아들은 요리하는 것을 좋아한다. 그래서 '사용할 식재료를 스스로 사 와서 좋아하는 메뉴를 만들자'고 권유했다.

먼저 지도 만들기부터 시작했다. 아들은 지도 보는 것을 좋아해서 평소에도 컴퓨터를 사용해서 지도를 인쇄하고 목적지까지 가는 길의 순서를 확인하곤 했다. 그래서 집부터 마트까지의 길을 종이에 순서대로 그리고, 교차점이나 주의가 필요한 장소는 사진을 붙여서 주의사항을 적었다. 그리고 밖에서 연습하기 전에 먼저 집에서 확인하도록 했다.

그 후에 자전거를 타고 목적지까지 향하는 연습을 했다. 처음에는 보호자인 나와 함께 자전거를 타서 이동했고, 조금 익숙해진 이후에는 나는 자동차를 탄 채 아이가 탄 자전거를 따라갔다. 그리고 상황을 보면서 '○○에서 기다리고 있을게'라고 말해주며 아이 혼자서 자전거로 이동하는 거리를 늘려갔다. 또한, 이동할 때 목표를 정해두고 성공했을 때는 스티커를 주고, 일정한 개수를 모으면 보상을 받을 수 있는 토큰경제를 사용했다.

아들에게는 가능한 한 '혼자서 했다!'를 느낄 수 있도록 자동차가 거의 다니지 않거나 자전거 보관소가 비어있는 시간대에 연습하는 등 목표를 성공시키기 쉬운 환경 안에서 진행할 수 있도록 신경을 썼다.

그 외에 무슨 일이 생겼을 때는 도움을 요청할 수 있도록 'SOS 카드'를 챙겨주어 불안을 줄일 수 있도록 연구했다.

아들은 여전히 장소가 바뀌면 불안한 것 같지만 '혼자서 해냈다'라는 성공 경험이 큰 자신감으로 이어져서 점점 많은 곳을 자전거로 가고 있다.

CHAPTER 6 사회 활동을 위한 자립 기술

26. 공공시설 이용하기

Program POINT

시설 이용

- 박물관, 과학관, 도서관, 은행 ATM 등을 이용할 때는 각각의 목적지에 가기 전에 챙겨야 할 물건을 확인한다.
- 각각의 시설에 따라 이용하는 방법을 만들고, 거기서 지켜야 하는 규칙이나 예절을 앞뒷면 한 장의 종이로 만들거나, 한 장씩 넘겨 가며 볼 수 있도록 만들어서 챙긴다.

ABA Program

① 과학관, 박물관 이용하는 방법
② 도서관 이용하는 방법
③ 은행 이용하는 방법
④ 시설 이용 일람표 만들기

| 자립 기술 | **26. 공공시설 이용하기** |

① 과학관, 박물관 이용하는 방법

출발하기 전에 챙겨야 할 물건이 있는지 확인한다. 목적지에 따라 챙겨야 하는 물건이 달라지므로 이 과정은 공공시설에 갈 때가 아니더라도 필요하다.

예를 들어 과학관에 갈 때 필요한 물건은 입장료를 낼 돈(혹은 체크카드), 신분증 혹은 학생증, 과학관 이용 방법, 인터넷 등에서 인쇄한 과학관 내부 지도, 디지털카메라(혹은 스마트폰) 등이 있다.

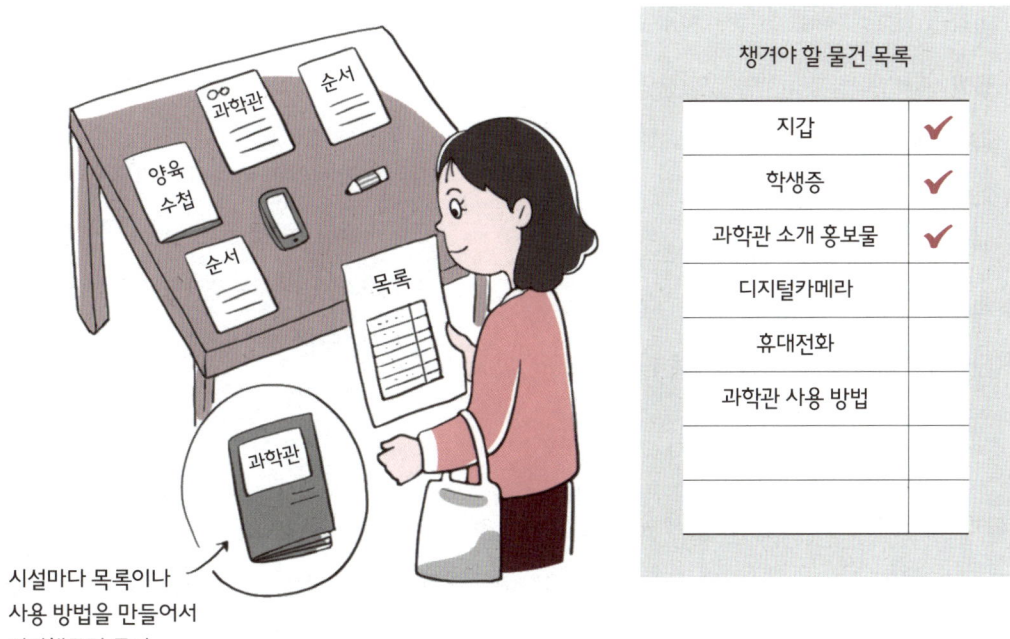

시설마다 목록이나 사용 방법을 만들어서 정리해두면 좋다

목적지에 따라 챙겨야 하는 물건이 달라지므로 출발하기 전에 목록을 보고 어떤 물건을 챙길지 확인한다.

| 자립 기술 | 26. 공공시설 이용하기 |

과학관은 학생증이나 장애인수첩이 있으면 입장료가 할인되거나 무료인 경우가 많다. 이런 신분증을 챙겨가서 안내 창구에서 이용하는 방법을 가르친다. 아래의 방법은 과학관에서 어떻게 행동해야 하는지에 대해 작성한 예시다. 아이의 이해도에 맞춰 글자 혹은 사진을 섞어서 작성하고, 과학관에서 조심해야 할 사항을 사용 카드에 추가해서 적는다.

['과학관 이용' 방법]

① 과학관의 입장권 판매소로 간다.
② 신분증(학생증 또는 장애인수첩)을 보여준다.
③ 체크카드로 요금을 지불하고 입장권을 받는다.
④ 플라네타리움(별자리 투영기)의 상영시간을 적어서 메모한다.
⑤ 과학관 내부를 둘러본다.
⑥ 시간에 맞춰 플라네타리움 입구로 간다.
⑦ 직원에게 입장권을 보여주고 안으로 들어가서 플라네타리움을 시청한다.
⑧ 과학관 내부를 더 둘러본다.
⑨ 오후 4시가 되면 과학관을 나와 집으로 돌아간다.

* 과학관 안에서 휴대전화는 매너모드로 해두자.
* 디지털카메라의 플래시는 꺼두자.
* 전시되어 있는 것은 만지면 안 돼('만져보자'라고 써 있는 것은 만져도 괜찮아).
* 플라네타리움 안에서 말하면 안 돼.

위의 예시와 같이 시설 이용 순서를 한 장의 종이로 만들거나 한 장씩 넘기는 방식으로 만들어서 단계마다 아이가 확인하도록 한다. 아이가 전시품을 보는 데 푹 빠져서 플라네타리움의 상영시간을 잊을 수 있으므로 상영시간 10분 전에 스마트폰의 알람 기능을 설정하는 방법을 미리 가르치는 것도 좋다. 알람을 이용할 때에는 소리가 나지 않게, 진동이 울리는 매너모드로 해야 하는 것도 알려준다.

자립 기술

26. 공공시설 이용하기

② 도서관 이용하는 방법

도서관에 가기 전에 챙겨야 하는 물건을 확인한다. 준비할 물건은 도서관의 대출카드와 이용 방법, 이용 규칙, 대출한 책 등이다. 도서관에 처음 간다면 대출카드를 발급받기 위해 학생증(신분증)도 필요하다. 도서관 이용 방법은 아래를 참고한다.

['도서관 이용' 방법]

1. 대출한 책이 있다면, 카운터에서 책을 반납한다.
2. 좋아하는 책을 찾는다.
3. 좋아하는 책을 들고 비어 있는 의자에 앉는다.
4. 좋아하는 책을 읽는다.
5. 대출할 책을 찾는다.
6. 카운터에 대출할 책과 대출카드를 건넨다.
7. 대출할 책과 대출카드와 반납날짜가 적힌 종이를 받는다.

이와 같은 순서를 사용 카드, 즉 한 장의 종이에 적거나 한 장씩 넘기는 방식으로 만들어서 확인하도록 한다. 도서관에서 주의할 점은 ❸에서 '읽고 싶은 책을 발견했을 경우 그 장소에서 서서 읽으면 다른 이용객에게 불편할 수 있으므로 의자에 앉아서 읽을 것'이나 '다 읽은 책은 반납 책꽂이에 돌려 놓을 것', ❼에서는 '대출한 책의 반납일은 달력에 메모해 두는 것' 등이 있다.

이러한 주의점은 사용 카드에 같이 적어두고 그 장소에 가서도 다시 한 번 알려주는 것이 좋다.

| 자립 기술 | **26. 공공시설 이용하기** |

    도서관은 지켜야 할 예절이 많은 장소다. 이러한 장소를 이용할 때는 도서관 이용 방법이 적힌 사용 카드와 함께 별도로 이용 시 지켜야 할 예절이 적힌 예절 종이도 준비한다.

    예절 종이를 작성할 때는 아이와 함께 만들고, 만든 후에는 아이와 함께 읽으면서 확인한다. 예절 종이는 도서관에 갈 때마다 꼭 챙겨야 할 물건과 함께 넣어두었다가, 도착하면 들어가기 전에 다시 확인하고, 들어가서도 수시로 확인하도록 한다.

    예절 종이에는 정해진 예절 이외에도 아이 스스로 깨달은 예절 또는 필요하다고 생각하는 것을 추가해도 좋다.

['도서관 예절 종이' 예시]

		집에서 체크	도서관에 들어가기 전에 체크
👥	옆사람 자리로 넘어가면 ✗		
📚	너무 많은 책 가져오면 ✗		
📱	휴대전화는 꺼놓기 ✗		
💬	대화하면 ✗		
📖	책에 낙서하거나 접으면 ✗		

도서관을 이용할 때는 도서관 이용 방법이 적힌 사용 카드와 함께
별도로 이용 시 지켜야 할 예절이 적힌 예절 종이도 준비한다.

26. 공공시설 이용하기

자립 기술

③ 은행 이용하는 방법

은행이나 우체국에서 계좌를 개설할 때는 보호자가 같이 간다. ATM 기기를 이용하는 방법을 알려줄 때는 보호자가 시범을 보여주면서 가르친다. 체크카드와 함께 아이의 이해도에 맞춘 글자 또는 글자와 사진으로 만든 사용 카드를 가져간다.

ATM을 이용할 때는 뒤에 사람이 엿보지 못하도록 주의하게 하고, 체크카드의 비밀번호를 소리를 내어 말하지 않는 것도 주의점으로 적어두고 항상 확인하도록 한다.

돈을 관리할 때 주의해야 할 점이나 ATM 이용할 때의 자세한 교육법은 171~173쪽 '② ATM 이용 방법'을 참고한다.

[은행 이용할 때 주의사항]

ATM을 이용할 때는 뒤에 사람이 엿보지 못하도록 주의하게 하고,
체크카드 비밀번호를 소리 내어 말하지 않도록 주의시킨다.

| 자립 기술 | | 26. 공공시설 이용하기 |

④ 시설 이용 일람표 만들기

앞에서 과학관이나 박물관, 도서관 등을 예시로 설명했지만, 이곳 외에도 경찰서(파출소) 등 생활과 관련된 시설은 많다. 어떤 상황에서 어떤 시설을 이용하면 좋은지에 대해 아래 표처럼 일람표를 만들어 정리한다. 아이의 생활에서 필요한 것과 그것을 수행할 수 있는 시설을 함께 확인하면서 부족한 것을 채워간다.

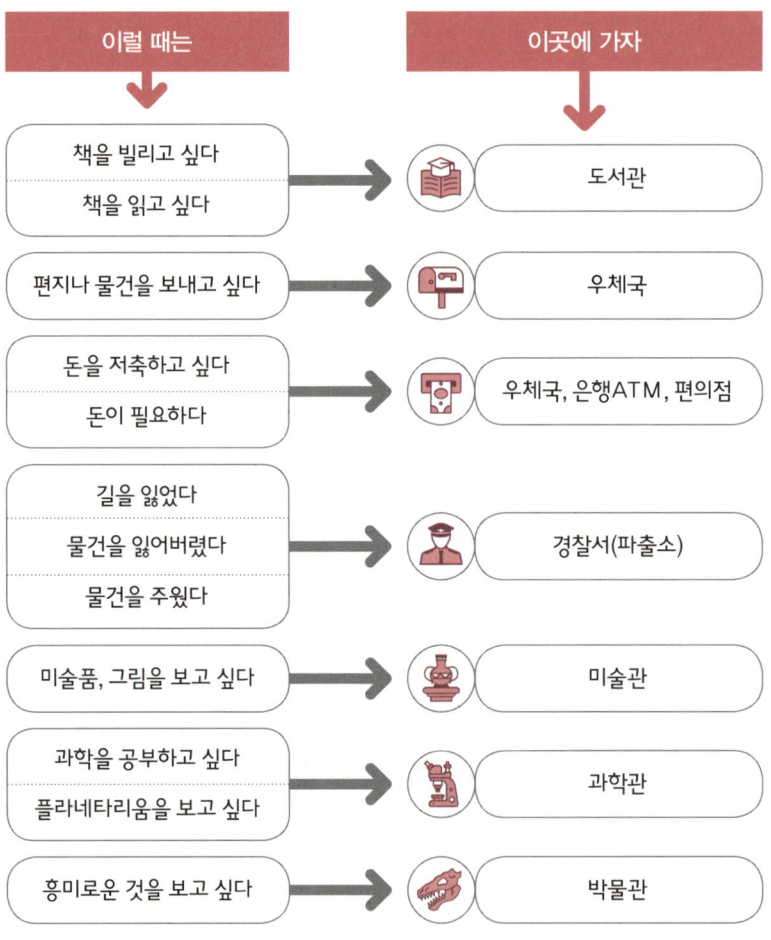

어떤 상황에서 어떤 시설을 이용하면 좋은지를 일람표로 정리한다.

CHAPTER 6 사회 활동을 위한 자립 기술

27. 레저시설 이용하기

Program POINT

시설 이용

- 노래방이나 만화방, 음식점 등을 이용할 때 사용 카드와 함께 규칙 또는 예절에 대해 적혀있는 예절 종이도 챙겨준다.
- 특히 노는 것에 정신이 팔리기 쉬우므로 귀중품 관리에 신경 쓰도록 알려준다.

ABA Program

① 코인노래방, 볼링장

② PC방, 만화카페

③ 오락실, 야구연습장

④ 패스트푸드점, 푸드코트

⑤ 패밀리레스토랑

⑥ 귀중품 관리

자립 기술

27. 레저시설 이용하기

① 코인노래방, 볼링장

아이의 이해도에 맞춰 그림이나 사진, 글자로 표시한 사용 카드를 늘 확인하며 진행할 수 있도록 챙겨준다. 사용 카드에는 각각의 장소에서 신경 써야 할 점이나 지켜야 할 예절도 적어서 첨가한다. 다음은 코인노래방을 이용하는 순서를 설명한 사용 카드 예시다.

['코인노래방 이용' 방법]

① 빈 곳을 찾는다.
② 방에 들어가서 문을 닫는다.
③ 부를 노래의 숫자만큼 돈을 넣는다.
④ 부르고 싶은 노래를 찾아서 그 번호를 누른다.
⑤ 노래가 나오면 노래를 부른다.
⑥ 노래방 기계가 멈추면 노래가 끝난 것이다.

* 친구와 함께 갔을 때는 친구와 내가 번갈아 노래 부르자.
* 친구가 노래를 부를 때는 박수를 치자.

아이에 따라서는 현장에서 바로 부르고 싶은 노래를 찾거나 결정하기가 어려울 수 있다. 이런 경우라면 코인노래방 혹은 노래방에 가기 전에 노래의 제목과 가수 이름을 찾아서 적어간다. 리모컨을 조작하거나 번호를 누르는 것은 함께 간 사람에게 부탁할 수도 있다.

| 자립 기술 | **27. 레저시설 이용하기**

볼링장에는 '일정 시간 무제한 이용하기', 코인노래방에서는 'ㅇㅇ원 이상 결제 시 추가 1곡' 등의 다양한 서비스가 있다. 입장하기 전에 안내데스크(혹은 카운터)에서 이런 서비스를 알려주고 이용할 것인지 물어보는 경우도 있다. 그러나 아이에 따라서는 추가 서비스 설명이 오히려 혼란스러울 수 있다.

따라서 가기 전에 몇 게임(몇 시간)을 할지, 몇 곡을 부를지를 미리 정해두는 게 좋다. 정확하게 의사 표현을 전달하기 어렵다면 미리 종이에 적어 안내데스크(혹은 카운터)에 전하는 것도 좋다. 이렇게 하면 돈을 낭비하지 않을 수 있다. 회원카드나 적립카드를 만들지 물어보는 경우도 있지만, 자주 가는 곳이 아니라면 만들지 않아도 된다.

노래방, 만화카페, 오락실, 패스트푸드점 등에 가기 전에 상세히 적힌 사용 카드를 만들어 연습하고, 실제 그 장소에 갈 때는 사용 카드를 지참하여 확인한 후 진행한다.

| 자립 기술 | **27. 레저시설 이용하기**

② **PC방, 만화카페**

　게임이나 만화를 좋아하는 아이라면 PC방과 만화카페를 가고 싶어한다. PC방은 자극적인 요소가 많고 게임에 빠지면 자기통제가 어려우므로 충분히 자기통제력을 기른 후에 가는 것이 좋다. 여기서는 만화카페의 일반적인 이용 순서를 설명한다.

['만화카페 이용' 방법]

1. 가게에 들어간다.
2. 카운터로 간다.
3. 이용할 시간(1시간)을 말하고 돈을 낸다.
4. 이용카드를 받는다.
5. 비어있는 좌석에 자유롭게 앉는다.
6. 휴대전화에 타이머로 50분을 설정하고, 매너모드로 바꾼다.
   (음료를 주문한 경우) 진동벨이 울리면 주스를 가지러 간다.
7. 보고 싶은 만화책을 찾아서 본다.
8. 휴대전화 타이머가 울리면 지갑과 이용카드, 소지품을 챙긴다.
9. 카운터에 가서 이용카드를 낸다.
10. (추가요금이 있을 경우) 돈을 낸다.
11. 거스름돈과 영수증을 받는다.

* 자리에서 일어날 때는 언제나 지갑과 이용카드, 소지품을 챙긴다.
* 만화책은 50분 동안 볼 수 있을 만큼만 가져온다.

자립 기술

27. 레저시설 이용하기

아이에게 다음과 같이 조심할 점도 함께 가르친다.

- 드링크바에는 스스로 주스를 받으러 가야 해. 주스는 원하는 만큼 마실 수 있어.
  ※ 일본 만화카페는 드링크바에 컵이 구비되어 있고 그 컵에 원하는 음료수를 몇 번이고 따라서 마실 수 있다. 국내는 대부분 원하는 음료수를 주문해서 먹고, 나가기 전에 지불한다.
- 이용카드와 휴대전화, 소지품 등을 들고 만화책을 찾으러 가자.
- 자기 자리에 가져오는 만화책은 3권 이내로 하자.
- 휴대전화에서 진동이 울리면 만화책은 원래 있던 장소나 반납 책꽂이에 돌려놓자.
- 주스를 더 마시고 싶을 때나 화장실을 갈 때는 좌석번호가 적힌 종이와 휴대전화, 소지품 등을 챙겨가자.
- 가게 안에서는 조용히 해야 해.
- 곤란한 일이 생기면 점원에게 말하자.

미리 정한 시간이 되면 카운터에서 지급한 진동벨이 울리는 곳도 있지만 대부분의 시설에서는 별도로 '종료시간'을 알려주지 않는다. 따라서 입장할 때 카운터에서 이용시간을 말했더라도 그 시간을 넘겨버리면 연장요금이 발생한다. 이런 경우를 방지하기 위해서는 휴대전화의 타이머 기능을 이용해 시간을 지키는 것을 사용 카드에 단계 중 하나로 넣어둔다.

휴대전화에 타이머 기능이 없거나 이용하려는 시간이 타이머의 최대 설정시간을 넘기는 경우에는 알람 기능을 이용하도록 가르친다. 알람을 설정할 때는 현재시간에 이용시간을 더하고, 그 10분 전에 알람이 작동하도록 설정한다. 또한 주위에 민폐가 되지 않도록 휴대전화를 진동으로 설정하는 것도 알려주고 사용하는 방법도 적어둔다.

자립 기술 | 27. 레저시설 이용하기

③ 오락실, 야구연습장

오락실과 야구연습장에서 특히 주의해야 할 점은 돈 관리다. 게임에 몰두하거나 게임을 계속하고 싶어서 자제하지 못하고 지갑 안에 있는 돈을 모두 써버리는 일이 생길 수 있다. 따라서 게임용 돈을 미리 나눠 놓는 것이 좋다. 예를 들어 게임에서 사용할 돈만 넣은 지갑을 별도로 챙겨주기, 지퍼가 달린 주머니에 돈을 나눠서 넣기 등이다.

④ 패스트푸드점, 푸드코트

음식점 중에서도 패스트푸드점은 비교적 이용하기 쉽다. 카운터에서 먹고 싶은 메뉴를 가리키기만 하면 주문할 수 있고, 음료수 사이즈도 실제 사이즈 컵을 보여달라고 부탁하면 고를 수 있다. 최근에는 무인주문결제기인 키오스크가 설치된 곳이 늘어났다. 그러나 대부분 점원 주문도 가능하므로 처음에는 점원에게 주문하고, 점차 패스트푸드점 이용에 익숙해지면 키오스크 이용하는 방법도 카드로 만들어서 알려준다.

패스트푸드점에 가기 전에 먹고 싶은 것을 이미 정했다면 종이에 적어 점원에게 보여주는 것도 좋다. 다 먹고 가게에서 나갈 때 쟁반이나 쓰레기를 스스로 처리하는 것도 사용법 카드에 항목으로 넣어서 작성한다.

⑤ 패밀리레스토랑

패밀리레스토랑은 들어갈 때 직원이 '예약을 했는지'와 '몇 명이 이용하는지' 등을 물어본다. '몇 명'인지 물어볼 때 아이 자신을 포함해서 몇 명인지 전할 수 있어야 한다. 만석이라 바로 들어갈 수 없을 때는 입구에서 대기자 명단에 이름을 써야 할 수도 있으며 이런 경우에는 조금 기다리면 점원이 이름을 불러주기 때문에 신경 써서 듣고 있어야 한다는 것도 가르친다.

| 자립 기술 | 27. 레저시설 이용하기 |

⑥ 귀중품 관리

레저시설을 이용할 때 특히 주의해야 할 점은 귀중품과 신분증 같은 소지품 관리다. 화장실에 가고 싶을 때나 좌석을 떠날 때 "내 가방을 봐줘"와 같이 다른 사람에게 부탁하는 것을 가르친다. 혼자인 경우에는 소지품은 항상 가지고 다니기 또는 사용하지 않는 소지품은 코인락커에 맡겨두기 등을 사용법 카드에 '주의해야 할 점'으로 적어두는 것이 좋다.

[레저시설 이용할 때 꼭 가르쳐야 할 사항]

CHAPTER 6 사회 활동을 위한 자립 기술

28. 병원 이용하기

Program POINT

시설 이용

- 자기 몸의 증상을 전달하는 것 혹은 정기적으로 검진을 받는 것은 성인이 되면 꼭 필요한 기술이다.
- 특히 치아는 통증이 없을 때부터 정기적으로 검진받도록 한다.
- 병원에 가기 전에 검사나 진료하는 방법이 적힌 사용법 카드를 사용해서 진료에 익숙해지도록 하는 것이 중요하다.
- 병원에서의 대기시간을 잘 보내기 위해 좋아하는 책이나 게임을 준비한다.

ABA Program

① 신체 부위 명칭 알려주기
② 증상(어디가 아픈지, 가려운지 등) 말하기 연습
③ 병원 가기 연습
④ 증상에 맞는 병원 알려주는 법
⑤ 기본적인 진료 순서 이해하는 법

| 자립 기술 | 28. 병원 이용하기 |

① 신체 부위 명칭 알려주기

가장 먼저 '머리, 등, 배, 눈, 귀, 입, 손, 발' 등 기본적인 신체 부위를 나타내는 단어를 알고 이해할 필요가 있다. "머리(만져)"와 같이 말로 지시했을 때 아이가 해당하는 신체 부위를 가리킬 수 있는지 확인한다.

또한 '볼, 관자놀이, 턱, 이빨, 위(배), 아랫배, 옆구리' 등 아픔이나 이상이 발생하기 쉬운 부위의 명칭도 구체적으로 알려주면 좋다.

② 증상(어디가 아픈지, 가려운지 등) 말하기 연습

배가 아플 때 혹은 눈이 간지러울 때 구체적인 부위를 가리키고 자신의 상태를 스스로 표현할 수 있도록 "배, 아파", "눈, 가려워" 등의 말을 따라 하도록 연습한다.

언어표현이 어려운 경우에는 배가 아픈 사진이나 눈이 충혈된 사진 등을 가리키는 연습을 한다. 목소리 크기를 조절할 수 있는 아이라면 아픔의 강도를 숫자로 표현하는 연습을 하는 것도 좋다. 예를 들어 조금 아프면 1, 많이 아프면 5라고 하는 식이다.

③ 병원 가기 연습

병원에 가기 전에는 체크카드와 순서를 기다릴 때 시간을 보낼 수 있는 만화책이나 게임기를 챙겨야 한다. 병원에 갈 때 필요한 물건의 목록 알림표를 잘 보이는 곳에 붙여서 아이가 확인하고 챙기도록 한다.

또한 '① 병원 접수대에서 이름을 말한다, ② 의자에 앉아 기다린다, ③ 이름이 불리면 진찰실에 들어간다' 등을 나타낸 사용 카드도 챙겨준다. 사용법 카드를 보면서 가능한 한 혼자서 할 수 있는 단계가 늘어나도록 연습한다.

자립 기술 | 28. 병원 이용하기

④ 증상에 맞는 병원 알려주는 법

처음에는 병원에 가는 것과 왜 가야 하는지를 이해하는 것 자체가 목표가 된다. 그다음 목표는 적절한 병원을 선택하기가 된다.

사전에 여러 병원의 선택 표를 만들어서 벽에 붙여둔다. 선택 표란 배가 아픈 상황, 이가 아픈 상황, 눈이 가려운 상황을 나타낸 사진이나 그림을 붙이고, 그 아래에 관련된 병원의 이름과 건물 사진 등을 붙여놓은 것이다. "배가 아파", "기침이 나와" 등 병원에서 진찰받을 수 있는 증상의 그림이나 사진을 한데 모아서 붙여두면 아이가 알기 쉽다.

또한, 병원의 이름 밑에 전화번호를 적어두고, 진료시간이 아니거나 휴무일 경우 대체할 수 있는 병원의 전화번호도 같이 적어둔다.

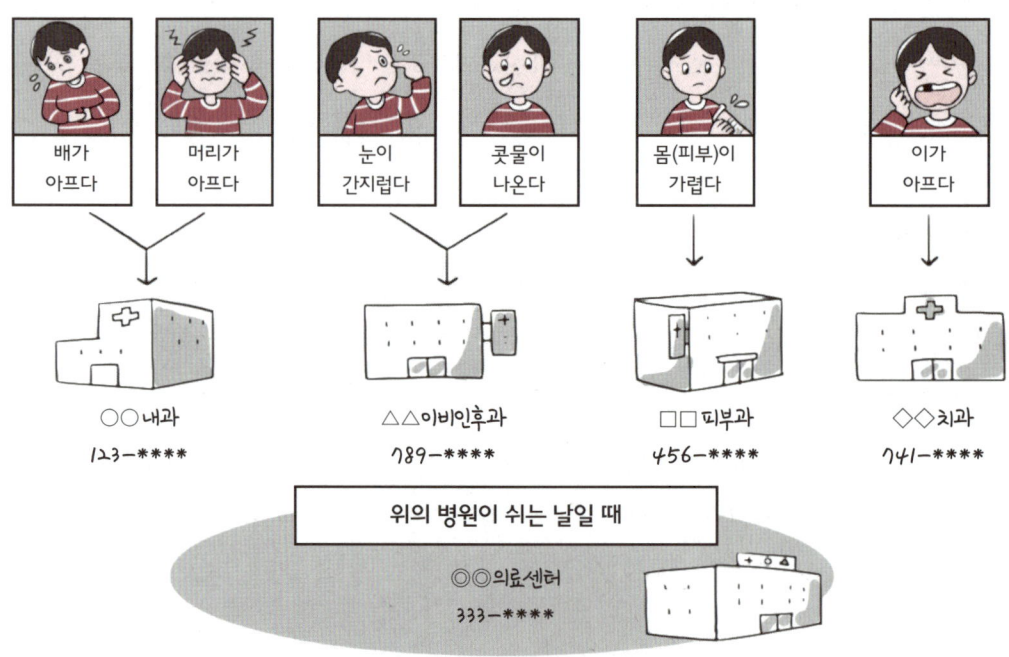

증상에 따른 여러 병원의 선택 표를 만들어서 벽에 붙여둔다.
병원 이름 밑에 긴급 연락처인 전화번호도 적어준다.

| 자립 기술 | **28. 병원 이용하기** |

⑤ 기본적인 진료 순서 이해하는 법

병원에 가기 전에 기본적인 진찰의 순서를 그림이나 사진으로 알려주면 병원에서 무슨 일을 당할지 모른다는 불안을 줄일 수 있다. 다음은 진료를 받는 방법 예시다.

['진료 받기' 방법]

1. 대기할 때 체온을 잰다.
2. 이름이 불리면 진찰실에 들어간다.
3. 의자에 앉는다.
4. 윗옷을 올려서 배를 보이게 내민다 (청진기를 배에 댄다).
5. 의사 선생님이 "뒤로 돌아"라고 하면 등을 보인다(청진기를 등에 댄다).
6. 의사 선생님이 "입을 아~ 해"라고 하면 입을 벌린다(입에 기구가 들어온다).
7. 인사하고 나온다.

치과 치료는 누구에게나 아프고 두려움을 주므로 치아가 아프지 않더라도 6개월에 한 번 정도 정기검진을 받고 스케일링을 해서 예방하는 것이 좋다. 특히 치과에서는 아이가 스스로 하거나 지켜야 할 것이 많다. 의자에 앉는 연습부터 입 계속 벌리고 있기, 가글하기 등을 해야 하므로 스몰 스텝으로 반복적으로 연습한다. 예약할 때 병원에 미리 얘기하여 혼잡하지 않은 시간에 방문하여 충분히 연습할 수 있도록 한다.

또한, 사전에 가정이나 보건실에서 사용 방법에 따라 장난감 청진기를 사용해서 배와 등에 대보거나, 숟가락을 사용해서 입을 벌리고 목 안쪽을 들여다보는 등의 연습을 하는 것도 좋다. 혈압 재기, 채혈(피 뽑기), 주사 맞기를 비롯해 초음파, 심전도, 엑스레이 등의 검사가 필요한 경우에는 미리 순서를 그림으로 알려주는 것도 좋다.

한편, 병원에서 주의할 점으로 작은 목소리로 말하기, 휴대전화 전원을 끄거나 매너모드로 하기, 게임기 소리 끄기 등이 있다. 이를 사용법 카드에도 적어둔다.

| 자립 기술 | 28. 병원 이용하기 |

['채혈하는 순서' 예시]

① 옷 소매를 걷고 팔을 쭉 뻗어 책상 위에 놓는다

② 팔꿈치 부근을 고무줄로 묶는다

③ 알콜솜으로 소독한다

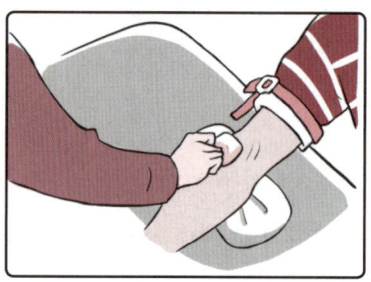

④ 주삿바늘을 찌른다

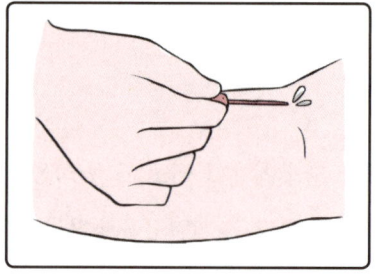

⑤ 주삿바늘을 뺀다

⑥ 솜과 밴드를 붙인다

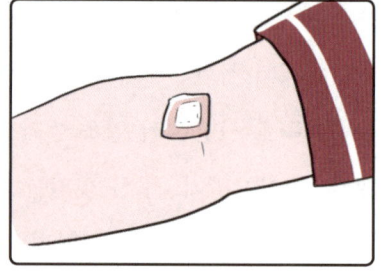

혈액검사를 위해 채혈할 때 아이에게 힘든 상황이 올 수 있으므로 사전에 집에서 충분히 연습한다.

CHAPTER 6 사회 활동을 위한 자립 기술

29. 유통기한 이해하기

Program POINT

물건 사기

- 진열된 상품 중에서 유통기한이 가장 먼 날짜에 있는 것을 고르도록 가르친다.
- 유통기한이 적혀 있는 위치는 상품에 따라 다르므로 어디에 있는지를 찾는 연습도 필요하다.
- 유통기한 표시 방법도 스티커, 인쇄된 글자, 각인된 글자 등으로 다양하므로 이를 보는 방법도 알려준다.

ABA Program

① 유통기한 표기 찾기
② 날짜 비교하기

| 자립 기술 | **29. 유통기한 이해하기**

① 유통기한 표기 찾기

　유통기한은 생선이나 육류와 같이 포장된 것은 팩에 붙어있는 라벨에 표기되어 있고, 우유팩이나 과자 같은 공산품은 대부분 상품 포장지에 표기되어 있다.

　유통기한을 보려면 어디를 봐야 하는지 가르친다. 집에 있는 여러 가지 상품을 보여주고 유통기한이 어디에 표기되어 있는지를 찾는 학습을 게임처럼 한다.

② 날짜 비교하기

　마트, 편의점 등 판매하는 장소에 따라 같은 상품이라도 유통기한이 다른 경우가 많다. 각각의 유통기한의 날짜를 확인하고 날짜가 더 먼 곳에 있는 것을 고를 수 있도록 가르친다. 예를 들어 '8월 1일과 8월 5일을 비교하면 8월 5일이 날짜가 더 멀다'라는 식이다.

　아이에 따라서는 '이후'라고 하는 표현 방법이 아닌 '늦다', '뒤', '앞' 등으로 표현하는 편이 알기 쉬울 수 있다. 되도록 아이가 이해하기 쉬운 언어로 가르친다.

　실제로 마트에 가서 직접 보면서 가르치는 것도 좋지만 그전에 가정에서 충분히 연습하고 개념을 이해시킨다. 다음 그림처럼 2개의 라벨에 비슷한 날짜(실제 표기에 가까운 형태가 좋다)를 적고, 둘 중에 날짜가 더 나중인 것을 찾아 동그라미 그리기 또는 가리키기 등으로 대답하게 하는 방법이 있다. 237~240쪽에 있는 '31. 적절한 분량 구입하기'에 있는 가공용 라벨을 복사해서 교재로 사용하는 것도 좋다.

　먼저, 같은 달에 있는 날짜 2개를 비교하는 것부터 시작한다. 예를 들어 '8월 1일'과 '8월 5일'을 비교한다. 이렇게 날짜가 다른 상품을 보여주고 "어떤 것을 고를래?"라고 물어본다. 아이가 날짜가 더 나중에 있는 것을 고르면 "정답", 고르지 못하면 "이쪽이 날짜가 더 멀어"라고 하며 올바른 쪽을 알려준다.

　같은 달에 있는 날짜를 비교해서 판단할 수 있게 되면 다음 달 날짜가 있는 경우도 연습한다.

| 자립 기술 | 29. 유통기한 이해하기 |

이렇게 품목이나 날짜를 다르게 한 다양한 문제를 만들고, 이러한 문제를 10문제 한 세트로 해서 일정 시간 안에 푸는 연습도 한다.

만약 '날짜가 더 먼 것'의 이해가 어렵다면 1일부터 달의 최종일(30일 또는 31일)까지의 숫자를 쭉 적은 것이나 달력을 힌트로 보여주고, 숫자의 크기에 따른 전후 관계를 배우는 방법도 있다.

년도가 다른 날짜를 비교해야 할 때도 있다. 하지만 이것은 연말연시일 경우 통조림처럼 보존 기간이 긴 식품의 경우에만 필요하다. 긴 유통기한을 실제로 볼 기회는 많지 않으므로 상황에 따라 생략해도 상관없다. 이 경우에도 날짜 혹은 달을 비교하는 방법과 같은 방법으로 가르친다.

같은 상품이라도 유통기한이 다를 경우, 날짜가 더 먼 곳,
즉 6일보다 7일 표시가 있는 것을 고를 수 있도록 가르친다.

30. 할인에 관해 이해하기

CHAPTER 6 사회 활동을 위한 자립 기술

Program POINT

물건 사기

- 세일 품목이나 유통기한이 얼마 남지 않은 식품 등은 할인스티커를 붙여 싸게 파는 경우가 있다. '○○% 인하', '○○% 세일', '○○% 할인', '○ 할인', '반값' 등의 표시가 있다면 그것에 주목하는 것을 가르친다.
- 할인된 금액이 얼마인지 알고, 다른 브랜드의 상품과 비교하여 저렴한 쪽을 사게 하는 것이 최종 목표가 된다.

ABA Program

① %가 붙는 할인의 경우
② 반값 할인의 경우

자립 기술　　　　　　　　　　　　　　**30. 할인에 관해 이해하기**

① %가 붙는 할인의 경우

'○○% 인하', '○○% OFF', '○○% 할인'과 같은 스티커에 주목하는 것을 가르친다. 가게에 따라 사용하는 스티커나 표기가 다르기 때문에 자주 가는 마트에서 사용하는 것을 먼저 알려주는 것이 좋다.

우선 스티커 안의 숫자에 주목하는 것을 가르칠 필요가 있다. 마트에서 할인 상품에 붙어 있는 스티커를 실제로 보여주고 이 스티커 안의 숫자를 읽을 수 있도록 연습한다. 또한 전단지 등을 보고 할인 표기를 찾거나 어떤 상품이 저렴한지 비교하는 연습도 한다. '30% 할인'과 '30% OFF'가 같은 말이라는 것을 매칭을 통해 연습하거나 프린트한 학습지로 가르친다.

숫자를 볼 수 있게 되면 계산기를 사용해서 할인이 적용된 금액이 얼마인지 알아보는 연습을 한다. 계산기를 누르는 순서는 아래와 같다.

예 : '닭가슴살 4,200원' 팩에 '20% OFF' 스티커가 붙은 경우
　　① 원래의 금액인 '4,200'을 누르고 마이너스 표기 '-'를 누른다.
　　② '20'을 누르고 '%'을 누른다(할인된 금액 '3,360'원이 나온다).

계산기에 따라서 순서나 버튼이 다를 수 있으므로 해당하는 버튼을 누를 수 있게 사용하는 방법을 그림카드로 만들거나 순서대로 번호 스티커를 계산기에 붙여둔다.

| 자립 기술 | 30. 할인에 관해 이해하기 |

③ 반값 할인의 경우

반값은 '50% OFF'와 같다. 계산할 때에는 '원래의 금액 − (50)(%) ='와 같이 누르는 것을 가르친다. 이것도 ①의 '○○% OFF 계산'을 스스로 할 수 있게 된 뒤에 가르치는 것이 좋다.

다양한 할인 표시를 이해하고, 어떤 것이 저렴한지 비교하는 연습을 한다.
30% 할인과 30% OFF가 같은 말이라는 것을 매칭을 통해 연습한다.

31. 적절한 분량 구입하기

CHAPTER 6 사회 활동을 위한 자립 기술

> **Program POINT**
>
> **물건 사기**
>
> - 필요한 분량을 미리 정해두고 딱 맞는 양이나 필요한 분량보다 조금 많은 것을 고르도록 연습한다.
> - 여기에서 설명하는 예시는 세 자리 숫자를 보고 수량이 많고 적음을 이해하는 아이를 지도한 방법이다.
> - 조금 더 간단한 단계로 할 경우 '당근 3개짜리가 없을 때는 5개짜리 팩 사기' 등 자릿수가 적은 수량으로 바꿔서 지도한다.

> **ABA Program**
>
> ① 분량 표기 찾기
> ② 딱 맞는 분량 선택하기
> ③ 딱 맞는 분량이 없을 때

자립 기술　　　　　　　　　　　　　　　**31. 적절한 분량 구입하기**

다음은 고기, 채소 등 포장된 식품의 양을 고르는 방법이다. 어느 쪽의 양이 많고 적은지를 가르치는 방법은 유통기한을 가르칠 때와 같다. 하지만 유통기한보다는 단계가 다소 복잡하므로 자주 가는 마트의 라벨 양식과 비슷한 것을 구해서 다양한 분량의 라벨을 여러 개 만들어 연습하는 것도 좋다. 규칙을 이해한 뒤에는 마트에 가서 실물을 보며 연습한다.

① 분량 표기 찾는 연습

　포장한 식품에는 분량이 표기된 라벨이 붙어있다. 라벨에는 분량 외에 상품명, 바코드, 유통기한, 가게의 이름 등이 표기되어 있다. "양은 어디에 쓰여있어?"라고 묻고, 라벨에서 분량이 표기된 부분을 가리키거나 보드마카 등으로 표시하도록 가르친다.

② 딱 맞는 분량 선택하는 연습

　필요한 분량이 적힌 메모를 보고, 같은 분량의 라벨을 고를 수 있도록 가르친다. 이때 글자만 쓰여있는 메모(예를 들어 닭가슴살 200g)로 할지, 양과 가격, 유통기한 등이 있는 실제 라벨처럼 만든 것으로 할지는 아이의 이해도에 맞춰서 사용한다.

　먼저 가정에서 다양한 라벨을 만들어 연습한다. '다짐육 300g'이라고 적힌 메모를 아이에게 준다. 그리고 200g과 300g이 쓰인 라벨을 보여주고 "어떤 것을 살 거야?"라고 물어본다. 300g을 고르면 "정답! 메모와 똑같네"라고 칭찬해주고, 200g을 고른다면 "틀렸어. 메모와 같은 것을 찾아야 해"라고 말해서 메모와 라벨의 숫자를 보면서 비교하도록 도와준다.

　가정에서 할 수 있게 된다면 마트에서 직접 시도한다. 실제로 마트에서 할 때는 다양한 것에 시선이 가기 때문에 신경이 분산되는 경우가 있다. 그러므로 처음에는 용량이 다른 제품을 몇 개 준비해두고 그 안에서 고르는 연습을 한다.

| 자립 기술

31. 적절한 분량 구입하기

③ 딱 맞는 분량이 없을 때

적은 분량을 고르지 않는다   필요한 양보다 더 많은 분량의 라벨과 적은 분량의 라벨을 보여주고, 적은 분량의 라벨을 고르지 않도록 가르친다.

먼저, 필요한 양이 적힌 메모(돼지고기 300g)를 건네준다. 그리고 양이 다른 2개의 라벨('돼지고기 200g'과 '돼지고기 400g')을 보여준다. "어느 쪽을 고를래?"라고 물어보고 양이 많은 쪽을 고르면 정답이다.

적은 분량을 고른 경우에는 종이에 적힌 필요한 양의 숫자를 보여주고 "이것보다 많은 것을 고르는 거야"라고 알려주는 것이 좋다. 이때 '많다, 잔뜩, 큰' 등 아이가 알기 쉬운 말로 알려주는 것이 중요하다.

식품의 라벨에는 다양한 정보가 표시되어 있다. 그중에서 '분량'이 표시된 부분을 찾고, 필요한 양보다 부족하지 않게 구입할 수 있도록 연습한다.

| 자립 기술 | **31. 적절한 분량 구입하기** |

조금 많은 쪽의 분량을 고른다   필요한 양(돼지고기 300g)보다 조금 많은 분량(돼지고기 320g)의 라벨과 훨씬 많은 분량(돼지고기 450g)의 라벨을 비교하고, 이중에서 조금 많은 쪽을 고를 수 있도록 가르친다.

필요한 분량이 적힌 메모를 건네주고 분량이 다른 2개의 라벨을 보여준다. "어느 쪽을 고를래?"라고 물어보고 조금 많은 쪽을 고른다면 정답이다.

일직선으로 나열해두고 시각적으로 가르치는 것도 효과적이다.

상황에 따라서는 '적은 분량을 고르지 않는다'라고 알려주는 것만으로 충분한 경우도 많다. 따라서 아이에게 맞춰서 유연하게 대응하는 것이 중요하다. 가르칠 때는 라벨 양식을 활용해서 상품명, 유통기한, 내용량, 금액을 적어서 사용한다.

다음은 실제 사용할 때의 주의점이다.

- 첫째, 같은 혼합 다짐육이여도 '돼지와 소가 섞인 다짐육', '다짐육(돼지고기, 소)'등 다양한 라벨 표기가 있다.
  → 평소 물건을 사러 가는 가게에서 어떻게 표시하는지 알아두고 이를 가르친다.

- 둘째, 여러 개의 라벨을 보고 고르는 연습을 할 때, 용량을 가르치는 경우라면 상품명과 유통기한은 똑같이 하는 것이 좋다.
  → 교재에 복잡한 요소를 섞어 넣으면 난이도가 올라가서 연습 초기에는 혼란을 느끼게 될 가능성이 있다.
  → 용량이 다르면 금액도 바뀔 수밖에 없다. 아이가 혼란을 느끼는 경우에는 다시 분량의 표기를 보는 단계로 돌아간다.

④ 집에서 실천하고 있어요

좋아하는 물건도 사고, 돈도 관리한다

효고현 거주 아리이 유미코 씨

딸은 23살의 지적장애를 동반한 자폐 스펙트럼 장애다. 지금은 클리닝 공장에서 의류를 개는 일을 하고 있다. 적지만 급여를 받고 있고, 월급날을 기다리면서 매일 활기차게 출근하고 있다. 아이가 초등학교 4학년이었을 때 장래를 위해 자기가 좋아하는 물건을 스스로 사러 가는 힘을 키워줘야겠다는 생각이 강하게 들었다. 그래서 장보기 학습과 용돈 기입장을 작성하는 연습을 시작했다. 혼자서 장보기 위해서는 계산대에서 돈을 지불해야 한다. 그래서 처음에는 돈의 종류와 돈을 세는 방법을 가르쳤다. 이것을 이해한 뒤에는 지폐와 동전을 조합하여 지불하는 방법을 알려주었다.

예를 들어 "1,500원 주세요", "5,200원 주세요" 같은 느낌이다. 다양한 금액을 주고받는 연습을 반복했다. 그런 뒤에 마트의 입구에서 장바구니 챙기기 → 좋아하는 물건을 몇 개 고르기 → 계산대에 올려놓고 계산하기 → 장바구니에서 물건을 꺼내 봉투에 넣기 → 장바구니를 원래 있던 장소에 정리하기 등 일련의 작업을 스몰 스텝으로 연습했다.

집에 돌아오면 영수증에 기재되어 있는 합계 금액을 용돈 기입장에 적는 방법도 알려주었다. 처음에는 '날짜, 요일, 현재 가지고 있는 금액'을 기입했다. 익숙해지자 '날짜, 산 물건, 남은 금액'을, 마지막으로는 '날짜, 비용의 명목(돈을 받은 상대, 산 물건 등), 받은 금액, 사용한 금액, 계산, 남은 금액'과 같이 기록하는 내용을 점점 늘렸다. '계산'은 '원금에서 산 물건의 가격을 빼기' 등 계산식을 기입하는 항목이다. 계산의 결과는 '남은 금액'에 적는다. 계산 방법은 계산기를 사용하고 있다. 급여를 받는 지금도 꾸준히 용돈 기입장을 작성하고 있다.

CHAPTER 7

대인관계를 위한 소통 기술
(예절/통신)

...

예절 학습은 '지금 할 수 있는 것'에서 더해가는 것이 포인트다.
아이가 할 수 있는 범위 내에서 시작하며
연령에 상응하는 시점에 맞춰서 고려한다.

① 예절은 지금 할 수 있는 것에서 조금 더

필자는 부모 모임에서 캠프를 할 때 함께 식사하는 모습을 본 적이 있다. 보호자들이 아이가 먹는 동안 계속 주시하는 것은 물론, 아이가 식사 동작을 자립했는데도 불구하고 아이가 흘린 것이나 입 주변에 묻은 것을 금방 닦아주는 모습을 쉽게 볼 수 있었다. 보호자는 평소에도 무의식적으로 이와 같은 도움을 주고 있을 것이다.

아직 손을 움직이는 게 서투른 아이라면 음식을 흘리거나 입 주변에 묻힐 수 있다. 하지만 식사 후 테이블을 닦거나 입 주변을 점검하는 것은 아이가 충분히 스스로 할 수 있는 일이다.

화장 기술을 가르쳤던 한 여자아이는 햄버거 가게에 가면 케첩투성이가 되곤 했다. 그래서 햄버거를 입으로 작게 베어먹는 방법과 다 먹은 뒤 손거울을 꺼내 입 주변이 깨끗한지 점검하는 것을 가르쳤다. 나아가 이러한 순서를 '햄버거를 먹는다'와 같이 시각적 지원이 되는 그림카드로 만들었다.

예절 학습은 '지금 할 수 있는 행동'에 더해가는 것이 중요한 포인트다.

즉 '할 수 있다 + 조금 더 멋지게'와 같은 느낌이다. 따라서 예절 갖추기는 '아이가 할 수 있는 범위' 내에서 시작하며 '연령에 상응'하는 시점에 맞춰서 고려한다.

② 구체적으로 체험하고 그 장소에서 가르치며 복습하기

'자신의 행동이 타인에게 어떤 영향을 주고 있는지'를 예측하는 것은 자폐 스펙트럼 장애의 특성 때문에 지적발달이 높은 아이라도 어려워하는 경우가 많다.

아스퍼거 증후군으로 진단을 받은 A군이 라면 가게에서 외식 기술을 연습할 때의 일이다. 손님 중 한 명이 담배를 피우기 시작하자 연기를 싫어하는 A군이 손으로 연기를 휘휘 내젓는 동작을 했다(다행히 트러블은 일어나지 않았다).

A군은 대합실의 좁은 통로에서 다른 사람의 물건을 마음대로 치우거나 발로 차며 지나가거나 사람

이 많은 곳에서 갑자기 달린 적도 있었다. 이러한 행동에 대한 자각이 전혀 없었기 때문에 다른 사람이 어떻게 생각하는지를 구체적으로 알려주어야 했다.

그 장소에서 곧바로 주의를 준다고 해도 자폐 스펙트럼 장애가 있는 아이는 이러한 예절을 몸에 자연스럽게 익히지 못하는 경우가 많다. 그렇기 때문에 그 장소에서 알려주는 것뿐만 아니라 그 에피소드를 그림이나 문장으로 만들어서 몇 번이고 아이에게 보여주며 복습할 필요가 있다.

실제로 활동을 시작하기 전에도 지켜야 할 약속으로서 보여준다. 물론 잘한다면 칭찬해서 성공하는 체험으로 만들어주는 것도 중요하다.

❸ 시뮬레이션과 일상생활 장소에서 연습하기

예를 들어 '사과'와 같이 하나의 단어가 '과일 사과' 혹은 '사과한다' 등 여러 의미를 갖는 경우가 있다. 이렇듯 사용하는 장소에 따라 의미가 달라지는 말을 적절하게 구분해서 사용하는 것은 자폐 스펙트럼 아이에게 특히 획득하기 어려운 기술 중 하나다.

어떤 타이밍에, 무엇을 위해 말해야 하는지를 구체적인 장면으로 시뮬레이션하면서 가르치는 것이 중요하다. 이런 것을 사회적 기술이라고 한다. 아이에게 필요한 사회적 기술은 연령에 따라 달라진다.

직장에서 특히 필요한 것은 보고와 질문이다. '다 했습니다', '어떻게 할까요?', '알겠습니다' 등의 대답은 학교에서 작업학습을 지도할 때에도 훈련할 수 있으므로 가능한 한 가정 혹은 학교에서 완전히 익힌다.

'다른 사람에게 물어본다'라는 기술은, '물어보면 된다'라는 개념을 이해하고 있더라도 실제 그런 상황에 닥쳤을 때 할 수 있을지는 알 수 없다. 어떤 타이밍에, 누구에게, 무엇을 주의하면서, 뭐라고 질문할지를 여러 번 시뮬레이션하거나 실제 장소에서 연습할 필요가 있다. 가능하면 일상생활에서도 다양한 기회를 만들어서 제삼자에게 질문하는 연습을 해야 한다.

CHAPTER 7 대인관계를 위한 소통 기술

32. 인사하기

Program POINT

예절

- 인사 또는 자기소개는 상대와 의사소통을 시작하는 첫걸음이다. 직장에서도 중시하는 중요한 기술이다.
- '○○의 경우에는 "○○"이라고 말한다'와 같이 장소 또는 상황과 말하는 법을 세트로 묶어 규칙을 만들고, 그것을 시각적으로 보여주면서 여러 번 롤플레잉(role-playing, 역할수행하기)으로 연습하면서 가르친다.

ABA Program

① 인사하는 방법
② 자기소개하는 방법

32. 인사하기

① 인사하는 방법

"안녕하세요", "안녕히 계세요" 등 인사할 때 쓸 수 있는 말은 많다. 인사기술 또한 스스로 상대에게 인사하는 것과 상대로부터 인사를 받았을 때의 인사법 두 가지가 있다.

스스로 인사를 하는 것이 어려운 아이라면 상대가 인사를 했을 때 인사할 수 있도록 촉진하는 것부터 한다. 그 행동을 정착시키기 위해 처음에는 "인사 잘하네. 굉장해"라고 그 장소에서 바로 칭찬하거나 '인사 스티커'와 같이 토큰경제를 사용하는 것이 좋다.

① 시범을 보여준다
② 시범을 줄여간다
③ 시범을 늦춰가며 기다린다

보호자가 먼저 인사하는 시범을 보이고 아이가 따라 하게 한다.
조금씩 시범을 보여주는 타이밍을 늦추거나 힌트를 줄여나간다.

소통 기술　　　　　　　　　　　　　　　　　　　　　　　**32. 인사하기**

아이 스스로 인사하기를 가르치기 위해서는 자연스러운 상황에서 기회를 놓치지 않고 그 장소에서 가르치는 방법과 롤플레잉을 하는 시간을 따로 정해서 가르치는 방법을 조합하는 것이 효과적이다.

예를 들어 아침에 등교해서 학교 선생님에게 "안녕하세요"라고 말하는 것을 가르치려고 한다면, 학교에 도착해서 선생님을 만났을 때 보호자가 먼저 "안녕하세요"라고 인사하는 것을 아이에게 보여주고 따라 하게 한다. 이때 보호자가 인사한 대로 아이가 따라서 인사를 하면 칭찬해주는 것이 중요하다.

아이가 보호자를 따라서 인사할 수 있게 된다면 조금씩 시범을 보여주는 타이밍을 늦추거나 "인사하자, 안녕하…"와 같이 힌트를 조금씩 줄인다.

이렇듯 체험을 통해서 배우는 방법은 굉장히 중요하고 도움이 된다. 하지만 실제로 지도할 기회는 하루에 한 번에서 많아야 몇 번 정도로 한정된다. 그래서 롤플레잉 시간을 별도로 정해서 가르치는 방법을 조합해서 시도하는 횟수를 늘린다.

구체적으로는 '장소'에 관한 카드(예를 들어 '학교에 갈 때', '학교에서 돌아올 때' 등) '인사말'에 관한 카드(예를 들어 '안녕하세요', '안녕히 계세요' 등)를 준비해서 '장소'와 '인사말'의 알맞은 짝꿍을 찾도록 한다.

'학교에서 돌아올 때'의 카드를 보여주면서 "인사말은 뭐야?"라고 묻고 카드를 고르게 하는 등 즐겁게 배울 수 있도록 연구한다. 하지만 이와 같은 방법은 어디까지나 학습과 복습이므로, 실제 상황에서도 배운 것을 시도한다.

지적장애가 있는 아이는 장소에 맞는 적절한 인사를 알고 있더라도 실제 상황에서는 인사를 못하는 경우도 적지 않다. 인사할 때 상대방 바라보기, 상대와 손을 뻗은 정도의 거리에서 대면하기 등 말을 사용해서 알려주기 어려운 것은 방법을 적은 카드를 사용해서 시각적으로 보여주고, 동시에 롤플레잉을 하면서 연습한다.

 　　　　　　　　　　　　　　　　　　　　　　　　　**32. 인사하기**

② **자기소개하는 방법**

　자기소개도 인사와 같이 상대에게 자기를 소개하는 경우와 상대가 자기소개한 뒤에 아이 자신을 소개하는(답하기) 경우가 있다. 자기소개는 인사와 비교해서 어떤 장소에서, 누구에게 자기소개를 하면 되는지를 스스로 판단하기 어렵다. 그렇기 때문에 상대에게 자기소개를 요구받았을 때나 상대가 자기소개를 했을 때 적절하게 자기소개를 할 수 있도록 답하는 것을 목표로 한다.

　자기소개를 가르치는 방법은 인사와 마찬가지로 자연스러운 상황에서 기회를 놓치지 않고 그 장소에서 바로 가르치는 방법과 롤플레잉을 하며 연습하는 시간을 따로 설정해서 가르치는 방법을 조합하는 것이 효과적이다. 자기소개 방법으로는 먼저 아이 자신의 이름을 말하고, 나이에 따라 학교 이름이나 학년을 말할 수 있도록 가르친다.

자기소개를 할 때 먼저 아이 자신의 이름을 말하고,
나이에 따라 학교 이름이나 학년을 말할 수 있도록 가르친다.

| 소통 기술 | | 32. 인사하기 |

아래의 설명은 사용법 카드를 사용해서 시각적으로 자기소개하는 방법을 보여주고 나아가 롤플레잉을 수행하며 가르치는 방법이다. 먼저 자기소개용 문장(예를 들어 '○○학교 ○학년 ○○입니다')이 적힌 사용법 카드를 준비하고 그 카드를 보면서 자기소개의 롤플레잉을 한다.

자연스럽게 말할 수 있게 되면 자기소개용 대사를 어미부터 조금씩 줄인 카드('○○학교 ○학년 □□□□□'이나 '○○학교 ○○○ □□□□□'와 같이 적힌 카드)를 보여주면서 최종적으로는 카드를 보지 않고 자기소개를 할 수 있도록 가르친다.

일상생활 중에 인사는 거의 매일 할 기회가 있지만, 자기소개할 기회는 그리 많지 않다. 일부러라도 자기소개를 가르칠 기회를 만들고 평소에도 충분히 연습해야 한다.

자기소개를 연습할 때 자기소개용 문장이 적힌 카드를 준비해 그것을 보면서 롤플레잉한다.
조금씩 자기소개 대사를 줄이면서 연습하고, 최종적으로는 스스로 말할 수 있도록 한다.

33. 식사 예절 지키기

Program POINT

예절

- 젓가락, 숟가락, 포크의 사용법을 알려줄 때는 실제로 사용하면서 연습한다.
- 식사 중의 태도나 규칙은 외식할 때를 가정해서 연습하고, 구체적인 방법과 순서를 사진이나 문자로 시각화하여 제시한다.
- 여기서 다루는 것은 식사 예절이지만 다른 사람의 집을 방문했을 때 지켜야 하는 예절과 관혼상제도 있다.
- 또한, 212~218쪽 '26. 공공시설 이용하기'와 관련해서도 연령에 맞춘 알맞은 예절을 연습한다.

ABA Program

① 기본적인 예절
② 가게에 따라 필요한 예절

| 소통 기술 | 33. 식사 예절 지키기 |

기본적인 식사 예절은 일상생활이나 학교생활에서 매일 가르칠 수 있다. "잘 먹겠습니다", "잘 먹었습니다"와 같이 식사할 때의 인사 외에도 식사를 '기다리기'와 같은 행동을 가르치는 것도 중요하다. 학교에서나 외식할 때는 자리에 앉아서 식사가 나오는 것을 기다리는 경우가 많다. 따라서 가정에서도 식사를 다 차린 후에 자리에 앉게 하기보다는 미리 식탁에 앉아서 식사가 나오는 것을 기다리는 연습을 해두는 것이 좋다.

① 기본적인 예절

가정, 학교, 외식할 때 공통으로 필요한 기술이나 예절로 젓가락이나 숟가락, 그릇을 올바르게 사용하는 법과 식사 중의 규칙 또는 자세가 있다. '책을 읽으면서 먹지 않기', '게임을 하면서 먹지 않기', '식사 중에는 큰 목소리를 내지 않기', '도중에 자리에서 일어나지 않기'

집에서 기본적인 식사 예절을 익히면 학교나 외식하는 상황에서도 식사 예절을 지킬 수 있다.
가족 모두가 식사 예절을 지키고 모범을 보이도록 노력한다.

 **소통 기술**

33. 식사 예절 지키기

등 식사 중의 규칙이나 태도를 가르칠 때는 '○○하지 않기', '○○하면 안 된다'와 같은 가르침이 많아지는 경우가 꽤 있다.

하지만 부정과 금지하는 방식으로 가르치면 아이는 주의를 받는 경우가 많아져서 식사하는 상황이 싫어지게 된다. "책은 옆에 두자", "식탁에 앉아서 먹자" 등 무엇을 해야 하는지와 '○○하자'와 같은 긍정적인 형태를 사용해서 구체적으로 가르치는 것이 중요하다.

식사 중의 자세를 말로만 가르치는 것은 어려우므로 식사 중인 아이의 자세를 사진이나 영상으로 찍어서 보여주는 등 시각적으로 알려준다. 올바른 자세의 시범을 보이는 것은 가능하면 아이 자신이 좋지만, 보호자 또는 형제라도 괜찮다.

규칙을 지키거나 사진 등을 보면서 스스로 자세를 고칠 수 있게 되면 말로 칭찬하거나 '바른 자세 스티커'와 같이 토큰경제를 활용하여 보상하는 것도 좋다. 예를 들어 한 번 식사할 때마다 올바른 자세 스티커를 1개 받을 수 있고, 5개가 모이면 패밀리레스토랑에 가는 식으로 보상한다면 식사 중의 자세를 바르게 하는 동기를 높일 수 있다.

② 가게에 따라 필요한 예절

가게에 따라서 필요한 기술이나 예절, 기다리는 시간이 달라진다. 외식하러 가기 전에 어떤 예절이 필요한지 보호자가 조사하여 준비하는 것이 중요하다.

패스트푸드점이라면 주문하고 잠깐 기다리면 식사가 나오지만, 패밀리레스토랑은 식사가 서빙될 때까지 10분 이상 기다려야 한다. 이런 가게에 간다면 지루하지 않게 기다릴 수 있도록 책이나 게임기를 준비하는 것이 좋다.

주문한 식사가 서빙되면 책이나 게임은 곧바로 정리하기로 아이와 약속한다. 또한, 식사하는 중에 관심이 분산되지 않도록 의자가 아닌 가방에 집어넣도록 가르친다. 식사 중에 사용하는 식기의 종류도 가게에 따라 달라진다. 젓가락, 포크, 숟가락을 모두 쓰는 가게라면 그중 아이가 사용하기 쉬운 식기를 선택한다. 식기 사용법에 대해서는 가정이나 학교의 식사 상황에서 매일 연습한다.

 소통 기술

33. 식사 예절 지키기

냅킨을 무릎 위에 펼쳐 놓는 것과 레스토랑에 따라 포크와 나이프가 여러 개 있는 경우에는 가족이 어떤 포크부터 사용하면 좋을지 시범을 보여준다. 이런 레스토랑을 예약했다면 가정에서 식사할 때도 미리 포크와 나이프를 사용하는 연습을 한다. 햄버거나 샌드위치는 감싼 종이를 같이 들고 먹는다. 음식을 흘렸을 때나 입 주변에 케첩이 묻어있을 때는 냅킨으로 닦는다. 흘린 음식이나 입 주변이 지저분한 것을 눈치채지 못하는 아이라면 '한 입 먹을 때마다 입 닦기'와 같이 입을 닦는 타이밍을 사전에 정해두고 사용하는 방법에 포함시킨다.

실제 외식을 하러 나가면 아이는 빨리 먹고 싶은 기분이 앞서기 마련이다. 이러한 상황에서 예절을 가르치려고 한다면 아이는 먹는 것을 기다려야 하므로 참지 못하거나 짜증을 내기 마련이다. 따라서 연습은 집에서 충분히 하고, 그 보상으로 외식하는 시간을 갖는다면 식사 예절을 쉽게 가르칠 수 있다.

외식할 때의 식사 예절은 집에서 충분히 연습하고, 그 보상으로 외식하는 시간을 갖는다.

CHAPTER 7
대인관계를 위한 소통 기술

34. 타인에게 물어보기

> **Program POINT**
>
> ### 예절
> - 다른 사람에게 질문할 때는 '어떠한 상황에서', '누구에게', '무엇을', '어떻게' 질문할지를 구체적으로 알려주는 것이 중요하다.
> - 질문하는 방법을 이해하고 있더라도 실제 상황에서는 불안이나 긴장 때문에 못하는 경우도 많으므로 일상에서 자주 연습하는 것이 좋다.

> **ABA Program**
>
> ① 질문할 상대 고르는 방법
> ② 질문하기 연습
> ③ 부탁하기, 허가받기, 거절하기, 사과하기 연습

 **소통 기술**

34. 타인에게 물어보기

무엇이든 자신의 힘으로 할 수 있는 것은 정말 대단한 일이다. 하지만 누군가에게 도움을 요청하는 것도 매우 중요한 기술이다. 혼자만의 생각에 빠져 멋대로 행동하다가 실패할 수도 있다. 혼자서 하지 못할 때나 곤란할 때 짜증을 내거나 분노발작을 일으키지 않고 다른 사람에게 질문하는 기술은 청년기, 성년기의 의사소통 기술에서도 아주 중요하다.

① 질문할 상대 고르는 방법

학교에서는 모르는 것이 있다면 선생님에게 질문할 수 있고 가정에서는 가족에게 질문할 수 있다. 하지만 외출했을 때는 선생님이나 가족 외의 모르는 사람에게 질문해야 하는 상황도 생긴다. 이럴 때 누구에게 물어보면 좋을지 판단하는 것 자체를 어렵게 느끼고 불안해하는 아이가 적지 않다.

먼저, 안심하고 질문할 수 있는 상대를 선택하는 것부터 가르쳐야 한다. 그러기 위해서 사람들을 시각적으로 판단할 수 있는 그림이나 문자 카드를 작성해두고 낯선 장소에서 누구를 먼저 선택할지를 지도한다.

목적지의 장소나 길을 묻는 경우는 "누구에게 질문할까"라고 아이에게 질문하고 처음에는 '가까운 파출소의 경찰'을 선택하도록 가르친다. 가까운 파출소가 없으면 '편의점 직원', 편의점도 없다면 '가게(동네에 있는 가게 또는 마트)의 직원', 그마저도 없으면 '아이와 같은 성별의 보행자'라고 대답할 수 있도록 한다.

물어볼 때의 규칙을 아래와 같이 문서로 만들어 제시한다.

① 자신이 질문하려고 하는 상대가 다른 사람과 이야기를 하고 있을 때는 기다린다.
② 가게의 점원에게 질문할 때는 계산대에 줄을 선다.
③ 상대가 알려주면 "감사합니다"라고 말한다.
④ 상대가 "잘 몰라요"라고 하면 "감사합니다"라고 말하고 다른 사람에게 질문한다.

와 같은 순서와 포인트를 적어서 가르친다.

 소통 기술

34. 타인에게 물어보기

② **질문하기 연습**

"죄송합니다(만)", "잠깐 괜찮습니까" 등 '서론'을 꺼내며 말을 붙이는 질문법을 대사 카드로 만들어두는 것이 좋다.

목적지까지의 길을 물어볼 때 "죄송한데요, ○○에 가고 싶은데 길을 알려주세요", "죄송합니다만, ○○에는 어떻게 가야 합니까?"와 같이 대사 카드를 작성한다. ○○에는 가고 싶은 장소를 넣는다.

질문에 대한 대답을 제대로 못 들었을 경우나 잘 이해가 안 될 때는 "다시 한번 말해주세요", "적어주실 수 있나요?"라고 부탁하거나 이것도 카드로 만들어서 상대에게 보여준다. 이렇게 하면 알고 싶은 것의 대답을 받을 확률이 높아진다.

보호자와 같이 외출할 때에도 보호자가 목적지까지 데려가는 것이 아니라 보호자가 누군가에게 길을 물어보며 상대방으로부터 대답을 듣는 모습을 보여주는 기회를 만들어 시범을 보인다.

또한, 아이가 길을 찾아보고 다른 사람에게 질문할 기회를 만들어서 실제로 말하는 연습과 대사 카드를 보여주는 연습을 하도록 한다.

목적지를 아이가 좋아하는 장소, 즐거운 장소로 설정하면 외출할 때 동기를 높일 수 있을 뿐만 아니라 목적지를 모를 때 다른 사람에게 질문하려고 하는 의욕도 높아진다.

34. 타인에게 물어보기

③ 부탁하기, 허가받기, 거절하기, 사과하기 연습

다른 사람에게 가고 싶은 장소나 길을 물어보는 경우 외에도 무언가 부탁해야 할 때가 있다. 길에 사람이 서 있어서 지나가지 못할 때, 영화관 좌석같이 좁은 곳을 지나갈 때는 "죄송하지만 지나가겠습니다"라고 말해야 한다.

또한, 버스나 전철, 병원 등에 있는 의자에 자리를 넓게 차지하며 앉아있는 사람이 있을 때에도 "죄송하지만, 조금 옆으로 가주실 수 있나요?"라고 부탁의 말을 해야 한다. 아무런 말 없이 비집고 지나가거나 좁은 빈자리에 억지로 앉으려고 하면 생각지도 못한 문제가 생길 수 있다.

부탁할 때에도 길을 물어보는 경우와 마찬가지로 "죄송합니다(만)" 등의 서론을 붙이는 것과 상대에게 "감사합니다"라고 인사하는 것이 중요하다. 그 외에도 버스나 지하철, 기차에 있는 의자를 뒤로 젖힐 때도 뒤에 있는 사람에게 "의자를 눕혀도 되나요"라고 허가를 구하거나, 누군가에게 부탁받았을 때나 권유에 대해 "죄송합니다만"과 같은 서론을 붙여서 거절하기, 실패했을 때는 "죄송합니다", "미안합니다"라고 말하며 거절하는 기술이 있다.

이런 말은 일상생활 안에서 주고받는 '별것 아닌 한마디'지만 지적장애가 있는 아이에게는 고도의 기술이다. 자연스러운 상황에서 기회를 만들어 알려줘야 하며 동시에 롤플레잉(역할수행하기)으로 실제처럼 신체를 움직이며 연습할 필요가 있다.

아이가 평소에 이러한 경험을 충분히 쌓아 실제 상황에서도 자연스럽게 할 수 있도록 한다.

CHAPTER 7
대인관계를 위한 소통 기술

35. 전화 응대하기

> **Program POINT**

통신

- 가정에 있는 전화기(또는 휴대전화)를 사용할 때는 자주 전화하는 상대의 전화번호를 등록해두는 것이 좋다.
- 전화번호가 액정에 표시되는 전화기라면 전화를 걸 때 입력한 번호를 볼 수 있고 전화가 걸려왔을 때는 상대의 번호를 알 수 있다.

> **ABA Program**

① 전화 거는 방법
② 전화 받는 방법

35. 전화 응대하기

① 전화 거는 방법

전화번호를 입력한 뒤 발신(통화) 버튼을 눌러야 하는 전화기의 경우

① 통화하고 싶은 상대의 전화번호를 입력하기
② 액정화면에 표시된 번호를 확인하기
③ 발신(통화) 버튼을 누르기와 같은 과정을 거쳐야 한다.

예를 들어 A에게 전화를 걸고 싶은 경우라고 하자.

A의 번호가 적혀 있는 메모지를 전화기 옆에 내려놓는다.

그리고 보호자가 ①과 ②의 과정을 수행하면서 조작 순서를 아이에게 보여준다. "번호를 한 개씩 누르고, 번호를 읽으면서 확인하고…"와 같이 설명하면서 보여주는 것이 좋다.

마지막으로 ③의 단계인 통화 버튼을 누르기 직전에 아이에게 수화기를 건네주고 직접 통화 버튼을 누르도록 한다. 그 버튼을 누르면 전화를 걸 수 있다는 경험을 충분히 쌓아준다.

계속해서 ②의 과정을 가르친다.

먼저 보호자가 전화번호를 입력한다.

그다음에 아이에게 전화번호를 확인하도록 한다(②). 구체적으로는 전화번호가 적힌 메모지를 보면서 "이 번호와 이 번호(전화번호가 표시된 화면을 가리킨다)는 똑같니?"와 같이 질문하고 맞는지 확인하게 한다.

전화번호가 메모지와 똑같다면 그대로 통화 버튼을 누르도록 지시한다(③).

③의 과정이 충분히 익숙해졌다면, ② → ③의 조작은 비교적 자연스럽게 할 수 있다.

전화번호가 메모지와 다른 경우에는 '지우기' 버튼을 누르고 ①부터 다시 수행한다. ②와 ③의 과정을 할 수 있게 되면 이번에는 ①부터 아이 스스로 하게 한다.

 소통 기술

35. 전화 응대하기

보호자가 사전에 자주 거는 전화번호를 전화기에 등록해둔다면 전화를 거는 과정 중 ①과 ②를 생략할 수 있다. 그런 경우에는 ① 연락처의 화면에서 걸고 싶은 상대의 이름을 선택한다, ② 통화 버튼을 누른다와 같은 과정으로, 전화번호를 입력하는 방법과 같이 ② ➡ ①의 순서로 가르친다.

전화기에 따라서 전화 거는 방법이 달라지기 때문에 집에서 사용하는 전화기에 맞춰서 방법을 정하고 가르친다.

['전화 거는 방법' 예시]

① 전화번호의 입력과 확인은 보호자가 해주고 아이가 통화버튼을 누른다

② 보호자는 전화번호의 입력만 해주고 확인과 통화버튼 조작은 아이가 한다

③ 모든 과정을 아이 혼자서 한다

방법을 알려줄 때는 일반적으로 ① ➡ ② ➡ ③ 순서로 가르쳐도 되지만, ③ ➡ ② ➡ ①과 같이 반대 순서로 가르치는 것이 습득이 빠를 수 있다.

 소통 기술

35. 전화 응대하기

② 전화 받는 방법

가정에서 가족에게 전화를 바꿔줄 수 있게 되면 앞으로 직장에 다닐 때도 전화를 바꿔주는 기술을 할 수 있다. 따라서 아이였을 때부터 자연스러운 상황에서 기회가 있을 때마다 가르친다.

바꿔주기를 자연스럽게 할 수 있도록 바꿔주기의 순서나 대사 등을 미리 적어두고, 사용하는 방법이 적힌 대사 카드를 가리키면서 상대와의 대화를 연습한다.

걸려온 전화를 바꿔줄 때 필요한 최소한의 정보는 전화를 걸어온 사람의 이름과 바꿔줄 상대가 누구인지, 이 두 가지다. 이 정보를 메모할 수 있게 되어야 한다.

전화를 걸어온 사람의 이름 전화를 받았을 때 상대방이 이름을 말하면 메모지의 이름 칸에 적는다. 이름을 말해주지 않았을 때나 모를 때에는 "죄송합니다만, 누구신가요?"라고 상대 이름을 질문하는 것을 가르친다.

바꿔줘야 하는 상대 '상대가 누구에게 전화한 것인가'를 메모지의 바꿔줄 사람 칸에 적는다. "어머님 있습니까?" 혹은 "아버님을 바꿔주세요"와 같은 말은 전화 상대가 누구를 바꿔주길 원하는지를 지정한다는 것도 알려준다.

칸에 적은 사람이 바로 옆에 있다면 "잠시만 기다려주세요"라고 말한 뒤 통화할 사람을 부르고 전화를 바꿔준다.

바꿔줘야 하는 사람이 없는 경우에는 "지금 없습니다"라고 전하고 "다시 전화드리겠으니 전화번호를 알려주세요"라고 상대의 전화번호를 묻는다. 들은 전화번호는 메모지 번호 칸에 적는다. 다 적은 뒤에는 "안녕히 계세요"라고 말하고 전화를 끊는다.

35. 전화 응대하기

처음에는 롤플레잉(역할수행하기)을 하면서 메모지에 필요한 정보를 적는 연습이나 전화를 바꿔주는 연습을 한다. 전화기 모델 중에는 전화 한 상대의 전화번호가 전화기의 메모리에 기록되는 타입이 있다. 그런 기종이라면 걸어온 사람의 전화번호를 묻지 않아도 된다. 메모지와 필기도구는 언제나 전화기 옆에 둔다.

안전이나 방범을 위해서 가족이 없는 경우 즉, 혼자서 집을 지키고 있는 경우에는 걸려온 전화는 받지 않고, 전화를 걸지 않도록 아이와 약속하고 걸려온 전화는 부재중 메시지가 전달되도록 설정해둘 수도 있다. 그 경우에는 바꿔주기용 메모와 별개로, 부재중 전화가 올 경우를 대비하여 '전화를 받지 않습니다', '전화를 걸지 않습니다' 등을 쓴 메모를 전화기 위나 옆에 놓아둔다.

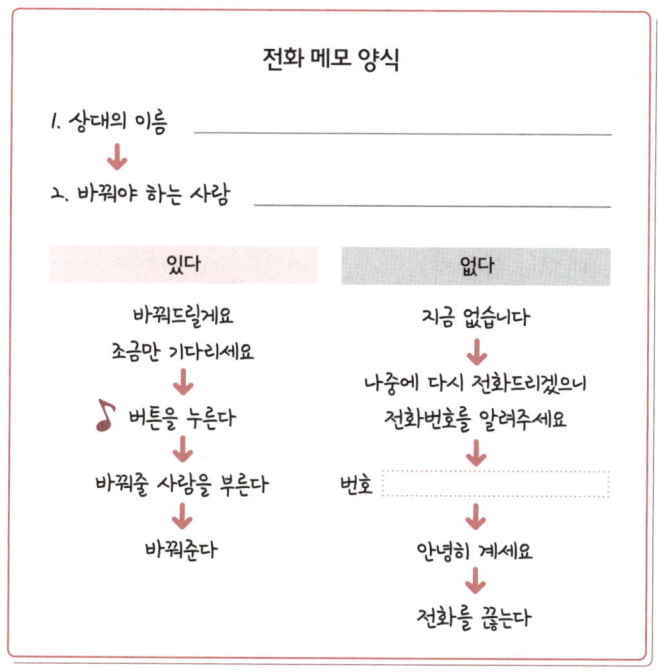

전화를 받았을 때 메모하는 양식을 준비해 전화기 옆에 두고
전화한 상대방의 이름과 바꿔줄 사람이 있을 때와 없을 때를 각각 메모할 수 있도록 연습한다.

CHAPTER 7 대인관계를 위한 소통 기술

36. 스마트폰 사용하기

Program POINT

통신

- 전화, 인터넷, 게임, 음악, 사진이나 동영상 등 각각의 조작 화면을 하나하나 나눠서 스몰 스텝으로 가르친다.
- 그다음으로 이 기능들을 언제, 어떻게 사용하는지를 구체적으로 연습한다.

ABA Program

① 통화하면서 지시 따르기 연습

② 문자메시지(또는 카톡) 보내고 받기 연습

③ 외출 시 시간 보내기로 활용하기

 소통 기술

36. 스마트폰 사용하기

아이가 스마트폰을 안전하게 이용하고 과도하게 빠지지 않도록 하기 위해 개설할 때 유해한 인터넷 사이트에 접속을 제한하는 서비스, 전화요금이나 통신요금의 상한을 설정한다.

① 통화하면서 지시 따르기 연습

먼저 전화를 걸어서 음성 지시만 듣고 지정된 물건 가져오기, 빨래통에 양말 넣기 등 가정에서 할 수 있는 심부름을 해본다. 지시하는 말은 아이가 현재 할 수 있는 간단한 것부터 시작한다.

그다음으로 스마트폰 휴대전화로 전화가 걸려왔을 때 대응하는 방법을 가르친다.

전화가 울리면 통화 버튼을 눌러서 전화 받는 연습을 실제로 수행한다. 이때 처음에는 통화하고 있는 모습을 서로 볼 수 있는 위치에서 시작하여 점차 거리를 넓혀간다. 그 후에는 옆 방에서 전화해서 아이에게 심부름 지시하기, 2층이나 떨어진 방에서 전화해서 지시하기와 같이 단계를 밟아간다. 아이가 지시한 것을 수행하면 반드시 칭찬한다.

그 외에도 약속한 장소로 이동하도록 지시하거나 아이가 지금 어디 있는지를 보고하도록 연습할 수 있다. 먼저 전화를 사용하지 않고 "부엌으로 가(와)"라고 지시를 한 뒤 이동하기, "지금 어디에 있어?"라고 물어보면 "2층에 있어요"라고 대답하는 연습을 집 안에서부터 시도한다.

이때 말로 하는 지시에 잘 대응하고, 물어본 것에 잘 대답하게 되었을 때 전화로 지시 따르기 하는 방법을 시도한다.

집안에서 전화를 통한 지시 따르기가 잘 되면, 그다음은 마당이나 주차장, 가까운 공원이나 마트 등으로 연습하는 장소를 조금씩 확장시킨다.

한편, 아이 스스로 보호자에게 전화를 걸어서 질문하는 기술은 전화에 응답하는 것 이상의 고도의 기술이다. 하지만 이 기술을 할 수 있게 된다면 지역에서의 활동 범위가 넓어질 수 있으므로 어렸을 때부터 조금씩 시도하면서 알려준다.

| 소통 기술 | 36. 스마트폰 사용하기 |

예를 들어 마트에서 아이가 여러 브랜드 중 어떤 물건을 사야 하는지 모를 때 어떤 것을 사야 하는지 물어보기 등이다.

또 교통기관을 이용하는 연습을 할 때 시간에 맞추지 못하거나 무엇을 타야 할지 잘 모를 때 보호자에게 전화걸기 등 일상생활 중에 자연스럽게 연습할 기회가 있을 것이다. 이것이 가능하려면 사전 기술로서 보호자가 옆에 있을 때 말로 질문할 수 있어야 한다. 이처럼 말로 질문할 수 있게 된 후에 아이가 스스로 전화를 걸고 질문하는 연습을 한다.

어떤 기술이든 실제 체험을 통해서 배우는 것이 가장 효과적이다. 하지만 처음에는 연습할 기회를 확보하고 실제 체험을 쌓는 것 자체가 어려운 경우도 적지 않다. 그러므로 먼저 집안에서 최대한 비슷하게 환경을 설정하여 롤플레잉으로 충분히 연습하면서 알려준다.

② **문자메시지(또는 카톡) 보내고 받기 연습**

문자메시지 사용 방법에는 아이가 먼저 문자 보내기, 받은 문자 읽기, 받은 문자에 답장하기(보내기)의 경우가 있다.

 소통 기술　　　　　　　　　　　　　　**36. 스마트폰 사용하기**

지적장애가 있는 아이라도 사용하는 상황을 한정하면 가르칠 수 있다.

예를 들어 이동이나 귀가하는 상황에서는 "어디에 있습니까?"라는 문자를 읽고 "역에 있습니다"라고 답장하거나 "지금 출발했습니다", "마중 나와주세요"라고 문자를 보내는 등 간단한 대답 패턴을 사전에 등록해두면 문자메시지 기능을 사용하기가 쉬워진다.

['문자메시지 답장하기' 방법]

① 아이가 문자메시지 아이콘을 인식할 수 있도록 가르친다

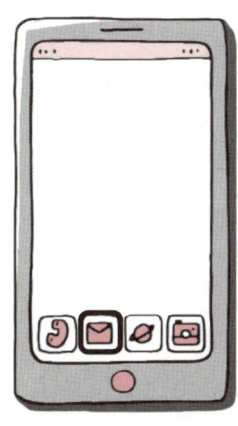

② 메시지 목록에서 '엄마'를 찾는다

③ 엄마가 보낸 메시지를 읽는다

④ 아래의 입력칸에 답장을 쓰고 '전송' 버튼을 누른다

학교에서 하교하거나 귀가하는 상황에서 엄마가 보낸 '어디에 있어?'라는 문자를 읽고 '지금 출발했습니다', '마중 나와주세요' 등의 답장 패턴을 사전에 등록해준다.

 소통 기술

36. 스마트폰 사용하기

학교에서 하교하는 등 시간이 정해진 활동이라면 문자 보내는 것을 잊지 않도록 알람을 설정해두는 것도 좋다.

또한, 대답 패턴을 잘못 선택하지 않도록 글자와 함께 그림문자를 넣는 것도 추천한다. 보호자가 사전에 문자를 작성해서 저장해두고 답장 버튼을 누르는 것만으로 보낼 수 있는 상태로 해두는 것도 좋다.

조작하는 각각의 과정마다 사진을 찍어서 사용하는 방법을 만든다.

예를 들어 받은 문자를 읽을 때는

① 문자메시지 아이콘을 누른다.

② 굵은 글씨 또는 옆에 숫자가 뜬 문자를 누른다(안 읽은 메시지는 안드로이드폰은 굵은 글씨로 표시되고, 아이폰은 카톡처럼 '1'이 뜬다).

③ 문자메시지를 읽는다.

등의 순서가 된다.

문자를 보낼 때도 마찬가지로 사용하는 방법을 만들어 가르친다.

③ 외출 시 시간 보내기로 활용

스마트폰으로 게임을 하거나 동영상 시청, 음악 듣기 등을 할 수 있기 때문에 버스나 지하철, 식당에서 기다릴 때 시간 보내기 용도로 이용할 수 있다.

그러기 위해서는 사전에 게임이나 음악 프로그램을 다운로드하여 설치해두어야 한다. 그리고 게임을 실행하거나 음악을 듣기 위해서는 인터넷에 접속한 상태여야 하는 경우가 많다. 와이파이를 연결해주거나 사전에 와이파이 연결하는 방법도 알려주고 연습하여 아이 스스로 할 수 있게 한다. 만약 데이터를 사용해야 할 경우에는 아이에게 어느 정도 사용할 것인지 사용 시간을 물어봐서, 약속한 시간 이상으로 이용할 수 없다는 것을 아이에게 미리 약속을 받아두도록 한다.✲

옮긴이의 글

'일상'이란 날마다 반복되는 생활을 말한다. 아침이 되면 일어나고, 밤이 되면 잠을 잔다. 배고프면 밥을 먹고, 심심할 때는 취미생활을 즐긴다. 그렇게 우리는 일상을 자연스럽게 습득하면서 어른으로 성장한다.

이 책 《사회적 자립과 자기통제를 키우는 ABA 교육법》은 이런 일상을 자연스럽게 습득하기 어려운 아이들에게 어떻게 교육하면 되는지, 그 방법을 알려준다.

"아이의 발달에 맞춰 연구하여 실행한다." 이 책에서 자주 언급하는 문장이다. 대부분 아이의 발달 정도는 비슷하다. 하지만 자폐 스펙트럼 장애가 있는 아이의 경우 그 차이가 무척 크다. 그 거리를 좁히려면 아이의 발달에 맞춘 과제를 끊임없이 개발하여 생활 속에서 꾸준히 실행해야 한다. 이 책은 그 기반을 마련해 주는 기술을 소개하고 있다.

책에서는 과제를 실행하려면 주변 환경의 도움이 필수적이라고 한다. 주변 환경은 가족 혹은 지인이고, 때로는 생판 모르는 가게 직원이 되기도 한다. 넓게는 가전제품, 대중교통, 스마트폰 등 물건이 될 수도 있다. 아이 스스로 과제를 해내는 것도 좋지만 주변의 필요한 자원과 도움을 받아서 해내는 것도 괜찮다고 조언한다.

한편 도움을 줄 때는 하나부터 열까지 도와주지 않는다. 사춘기 시기에는 특히 그렇다. 아이가 할 수 있는 행동은 기다려주고 하기 어려운 행동은 최소한의 도움으로 이끌어 주어야 한다. 예를 들어 "이제 잘 시간이니까 양치해"가 아닌 "이제 잘 시간이야, 자기 전에 해야 할 일을 확인하자"라고 하는 방식이다. 즉, 아이가 스스로 생각해서 행동할 수 있는 방향으로 이끌어야 한다.

또한, 아이의 선택을 매우 중요시하고 있다. 사춘기 시기는 주체적으로 살아가기 위한 준비 단계여서 남에게 지시받는 것을 무척 싫어한다. 자폐 스펙트럼 아이도 마찬가지다. 성장할수록 누군가 정해주는 일상이 아닌 스스로 계획한 일상을 보낼 수 있어야 한다. 이 책은 그런 점에서 사춘기 시기에는 교육 방법이 어떻게 달라져야 하며, 필요한 자립을 위한 생활 기술은 어떻게 가르쳐야 하는지를 일러스트와 만화를 곁들여서 이해하기 쉽게 알려주고 있다.

ABA 프로그램으로 과제를 처음 분석할 때가 생각난다. 막연히 생각한 것보다 더 세세하게 과제를 쪼개야 했다. 물론 아이의 발달 정도에 따라 차이는 있지만, 행동 하나하나를 최대한 의식적으로 나누고 정리해야 했다.

다행히 이 책에서는 생활자립기술에 필요한 과제를 분석하고 사용하는 방법은 물론, 그 방법을 시각적 자원을 활용한 예시로 다양하면서도 자세하게 소개하고 있다. 따라서 ABA를 처음 접하는 부모님과 보호자도 스몰 스텝으로 손쉽게 따라 할 수 있다.

처음 시작할 때는 간단한 활동으로 아이와 보호자 모두 성취감을 느끼는 것이 중요하다. 그렇게 차근차근 단계를 밟아간다면 막막했던 길에도 빛이 보이기 시작할 것이다.

책에서 소개하는 예시를 그대로 실천하는 것도 좋지만, 무엇보다 내 아이의 현재 상황에 맞춘 기술을 개발하여 계속 시도해보아야 한다. 이런 과정을 통하면 아이가 어제보다 더 즐거운 오늘을 보낼 수 있고, 보호자도 어제보다 더 수월한 오늘을 보낼 수 있다.

현장에 있다 보면 자폐 스펙트럼 아이가 성장할수록 고민이 깊어가는 부모님을 자주 만난다. 이제라도 사춘기 자녀를 둔 부모님의 큰 고민을 덜 수 있는 실용적인 책이 출간되어 너무나 기쁘다. 그리고 이 책을 우리말로 옮길 수 있어서 보람되고 감사했다.

최정인

자폐 스펙트럼 사춘기 아이를 위한 생활자립기술 36
사회적 자립과 자기통제를 키우는 **ABA 교육법**

초판 1쇄 인쇄 2022년 6월 15일
초판 2쇄 발행 2024년 7월 1일

지은이 이노우에 마사히코(井上雅彦)
감　수 민정윤
옮긴이 최정인
그린이 전선진
펴낸이 박지원
펴낸곳 도서출판 마음책방

출판등록 2018년 9월 3일 제2019-000031호
주　소 경기도 김포시 김포한강8로 410, 10층 1001-76호
대표전화 02-6951-2927
대표팩스 0303-3445-3356
이메일 maeumbooks@naver.com

ISBN 979-11-90888-19-6 13590

한국어판 ⓒ 도서출판 마음책방, 2022

- 책값은 뒤표지에 있습니다. 잘못된 책은 구입하신 곳에서 바꿔드립니다.
- 이 책의 내용은 저작권법의 보호를 받는 저작물이므로 무단 전재와
  무단 복제를 금합니다.

- 도서출판 마음책방은 심리, 상담 책으로 지친 마음을 위로하고,
  발달장애 책으로 어린 아이들의 건강한 성장을 돕습니다.